Sandra Müller ist seit über 15 Jahren leidenschaftliche Hörfun-
kerin. Sie arbeitet als Redakteurin, Moderatorin und Reporterin
überwiegend für den Südwestrundfunk. Sandra Müller ist Mitbe-
gründerin der Initiative »Fair Radio« und unterrichtet u. a. an der
Evangelischen Medienakademie in Düsseldorf.
Kontakt: www.radio-machen.de.

Sandra Müller

Radio machen

UVK Verlagsgesellschaft mbH

Wegweiser Journalismus
Herausgegeben von Christoph Fasel
Band 11

*Vielen Dank den Geburtshelfern dieses Buches: Katharina Thoms
und Pauline Seiberlich. Ganz besonders Tobias Feifel, ohne dessen
energischen Klapse, das Kind nie geschrien hätte.*

Bibliografische Information der Deutschen Nationalbibliothek
Die Deutsche Nationalbibliothek verzeichnet diese Publikation in der
Deutschen Nationalbibliografie; detaillierte bibliografische Daten sind
im Internet über http://dnb.d-nb.de abrufbar.

ISSN 1866-5365
ISBN 978-3-86764-307-8

© UVK Verlagsgesellschaft mbH, Konstanz 2011

Einbandgestaltung: Susanne Fuellhaas, Konstanz
Konzeption und Layout: Claudia Wild, Konstanz
Korrektorat: Christiane Kauer, Bad Vilbel
Druck: fgb · freiburger graphische betriebe, Freiburg

UVK Verlagsgesellschaft mbH
Schützenstr. 24 · D-78462 Konstanz
Tel.: 07531-9053-0 · Fax: 07531-9053-98
www.uvk.de

Inhalt

1 »Mach da mal 'ne Meldung draus!« – Wie man einfach sagt, was Sache ist

Radio machen heißt: einfach sprechen. Gerade deswegen ist es nicht leicht. Denn Lehrer und Professoren haben uns zwar das Schreiben beigebracht, das literarische Erzählen und das wissenschaftliche Texten, aber das Sprechen? Das hat uns niemand gelehrt. Das kann man von Natur aus. Stimmt. Nur muss man fürs Radio paradoxerweise das, was einfach zu sprechen sein soll, oft erst schreiben. Und da strauchelt der Anfänger gern. Was also tun, wenn einem als Radioanfänger in der Redaktion ein Text in die Hand gedrückt wird: »Jetzt mach da mal 'ne Meldung draus!« Die Antwort: Ruhe bewahren. Denn:

Wir alle sind ein bisschen Radio. Jeden Tag. Wir merken es nur nicht. Zum Beispiel, wenn wir Freunde treffen: »Schon gehört?«, sagen wir dann. »Die Anna ist jetzt mit Nico zusammen. Hat mir die Lea erzählt. Die hat die beiden gestern im Biergarten gesehen. Bis vor Kurzem war die Anna ja noch mit so 'nem Blonden aus der Gartenstraße verbandelt.« Und schon haben wir eine formvollendete Nachricht abgeliefert. Wir waren – wenn man so will – für eine kurze Zeit Nachrichtensprecher.

Nun würden professionelle Nachrichtenmacher das so natürlich nicht gelten lassen. Denn in der Tat werden Nachrichten im Radio von ausgebildeten Experten gemacht und gelesen. Sie wissen viel über den richtigen Aufbau einer Meldung und wie man sie professionell vorträgt. Sie wissen, wie man komplizierte Dinge einfach sagt und in fünf Sätzen die neuesten Vorschläge zur Steuerpolitik zusammenfasst. Und doch sind ihre Meldungen nicht grundsätzlich anders als das, was wir an Neuigkeiten abends mit Freunden bequatschen: Beides sind auf das Wesentliche zusammengefasste Informationen. Unser Gegenüber soll auf Anhieb verstehen: »Das ist neu. Aha. Die Anna und der Nico also.« Oder: »Die Regierung will die Mehrwertsteuer erhöhen. So, so. Die Finanzministerin hat das vorgeschlagen.«

Die Nachricht im Radio ist also zunächst einmal nichts anderes als eine »Miniatur-Erzählung« wie der Tübinger Medienprofessor Jürg Häusermann sagt. Man könnte auch sagen: Eine Straßenecken-Story, ein Bushaltestellen-Bericht, eben eine »Schon gehört?«-Geschichte. Entscheidend ist: Der Zuhörer soll kurz, prägnant und ohne viel Schnickschnack das Entscheidende erfahren. Allerdings haben Nachrichten im Radio eine bestimmte Form. Wer als Hospitant seine erste Meldung schreiben soll, muss die kennen.

Welche Form soll die Meldung haben?

Das unterscheidet sich von Sender zu Sender. Denn eine Radiomeldung kann, muss aber nicht

- **mit einem Ortsnamen (der »Spitzmarke«) beginnen:**
  Stuttgart. Das stadtbekannte Popduo Anna und Nico ist jetzt auch privat ein Paar. Das hat das Management der beiden auf Nachfrage bestätigt …
- **eine Schlagzeile haben:**
  Liebesglück bei Anna und Nico. Das Stuttgarter Popduo ist jetzt auch privat ein Paar. Das hat …
- **gleich mit einem zusammenfassenden Satz (dem »Leadsatz«) beginnen:**
  Das Stuttgarter Popduo Anna und Nico ist jetzt auch privat ein Paar. Das hat …

Darüber hinaus unterscheiden sich Meldungen von Sender zu Sender in Länge und Sprache.

Radio NRW

[13. Oktober 2010, 6:00 Uhr]

Das Wunder der Atacama-Wüste ist perfekt: Vor gut einer halben Stunde ist der erste der verschütteten Bergleute in Chile gerettet worden. Nach mehr als zwei Monaten in der Tiefe wurde er in einer Rettungskapsel über 600 Meter an die Erdoberfläche gezogen.

Deutschlandfunk

[13. Oktober 2010, 6:00 Uhr]

Nach mehr als zwei Monaten unter Tage ist heute früh der erste von 33 verschütteten chilenischen Bergleuten gerettet worden. Er erreichte unter dem Jubel von Angehörigen die Erdoberfläche, nachdem er in einer engen Spezialkapsel einen mehr als 600 Meter tiefen Schacht hinaufgezogen worden war. Die übrigen 32 Kumpel folgen nun nacheinander. Nach mehreren Testläufen war zuerst ein Helfer zu den Männern geschickt worden. Er sollte sie über den genauen Ablauf ihrer Bergung informieren. Die Rettungsaktion hatte sich mehrfach verzögert. So dauerte etwa die Installation von Telefonleitungen länger als erwartet. Der chilenische Präsident Piñera beobachtete die Arbeiten an der Unglücksstelle.

Das Ding

[13. Oktober 2010, 6:30 Uhr]

In Chile sind die ersten der 33 eingeschlossenen Bergleute gerettet worden. Die Helfer haben bis jetzt zwei der Männer nach oben gebracht. Angehörige und der chilenische Präsident haben sie dort empfangen und umarmt. Beide Bergleute machten einen gesunden Eindruck, kommen aber vorsichtshalber ins Krankenhaus. Die anderen 31 Männer werden jetzt nach und nach nach oben geholt. Die Fahrt mit der Rettungskapsel dauert jeweils 16 Minuten. Die Bergleute sitzen seit Anfang August in etwa 600 Meter Tiefe fest.

Beispiel

Redakteure lassen sich übrigens gern beeindrucken von Praktikanten, Hospitanten oder Volontären, die schon bei der ersten Meldung wissen, wie die Nachrichten des Senders üblicherweise aufgebaut sind. Das gilt auch für andere Eigenheiten eines Senders. Deshalb:

Tipp

Am besten vor dem ersten Arbeitstag aufmerksam den Sender hören, bei dem man arbeiten wird, und auf Besonderheiten achten.

Was muss in die Meldung?

Das Nötige. Denn die Meldung muss schlicht und idealerweise Schritt für Schritt erklären, worum es geht. Am besten funktioniert das, wenn man sich an folgenden Fragen orientiert – bekannt als die sechs W-Fragen:

Merke

Die sechs W-Fragen der Nachrichtenmeldung:
- Wer hat
- was gemacht oder erlebt?
- Wann?
- Wo?
- Wie?
- Und warum?

Als siebtes W kommt oft die Frage nach der Quelle dazu:
- Woher wissen wir das?

Die ersten Meldungen, die Praktikanten, Hospitanten und Volontäre beim Radio schreiben dürfen, sind meist Polizeimeldungen. Sie werden üblicherweise aus den Pressemitteilungen der Polizei umformuliert.

Pressemitteilung der Polizeidirektion Tübingen

[Mittwoch, 11. November 2009]
Kirchentellinsfurt. Schwere Verletzungen zog sich am Dienstagabend der Fahrer eines Pkw Nissan zu, als er auf der B 27, Höhe Abfahrt B 297, von der Fahrbahn abkam. Der 19-jährige Nissan-Lenker aus Reutlingen befuhr gegen 22:00 Uhr die Bundesstraße in Fahrtrichtung Stuttgart und wollte diese an der o. g. Abfahrt in Richtung Nürtingen verlassen. Aus bislang nicht bekannten Gründen geriet er unmittelbar nach dem Fahrbahnteiler nach rechts von der Fahrbahn ab, überfuhr einen Leitpfosten und hob an der abfallenden Böschung ab. Das Auto prallte mit dem rechten Fahrzeugboden gegen einen massiven Baum, überschlug sich und kam am Ende der Böschung neben einem dort verlaufenden Fuß- und Radweg schließlich wieder auf den Rädern zum Stehen. Der allein im Fahrzeug befindliche Fahrer verletzte sich schwer und musste zur stationären Aufnahme in das Reutlinger Krankenhaus verbracht werden. Sachschaden entstand in Höhe von insgesamt über 10.000 Euro.

Beispiel

Die W-Fragen lassen sich leicht beantworten:

Wer hat was gemacht oder erlebt? – Ein 19-jähriger Autofahrer hatte einen Unfall. Er ist schwer verletzt worden.

Wann? – Am Dienstagabend.

Wo? – Auf der B 27, Höhe Abfahrt B 297, Abfahrt Richtung Nürtingen.

Wie? – Das Auto prallte gegen einen Baum und überschlug sich.

Und warum? – Weil der Fahrer von der Fahrbahn abgekommen und über die Böschung gefahren ist. Die Ursache dafür ist unklar.

Woher wissen wir das? – Von der Polizei.

Das Wesentliche wird hier also aus den Angaben der Polizei klar. Nicht immer ist das so. Oft sind Nachfragen nötig. Und selbst, wenn alle Fragen beantwortet scheinen, bringt ein Gespräch oft weitere Informationen. Man könnte den Polizeisprecher z. B. noch einmal fragen, wo der Unfall passiert ist. Denn »auf der B 27, Höhe Abfahrt B 297« – das ist zwar eine korrekte Angabe. Sie ist aber weder anschaulich noch sehr hörer-freundlich, weil die vielen Zahlen beim Zuhören später verwirren könnten. Außerdem würde das kaum jemand so seinem Nachbarn am Gartenzaun erzählen. Auch der Polizeisprecher würde im Gespräch vielleicht anschaulicher vom Unfall »beim Kirchentellinsfurter Baggersee« sprechen.

Zurück zu den W-Fragen: Es fällt auf, dass sie sich beantworten lassen, ohne alle Details aus der Pressemitteilung der Polizei zu verwenden. Wir könnten also genau genommen viel mehr Fragen beantworten oder die gestellten Fragen genauer beantworten. Beides wollen wir aber nicht. Unser Ziel ist eine Meldung, die den Unfall kurz und knapp zusammenfasst. Das ist typisch für Radiomeldungen und »Straßenecken-Geschichten«: Sie reduzieren das Geschehene auf das Wesentliche und sind so prägnant, dass der Zuhörer ohne Mühe folgen kann. Zu viele Detailinformationen stören. Sie lenken den Hörer ab. Denn anders als Leser müssen Hörer jeden Satz auf Anhieb verstehen. Sie können nicht zurückspringen oder an einer detailreichen Stelle »langsamer hören«. Viele der Informationen aus dem Polizeibericht sind deshalb für die Radiomeldung verzichtbar.

Merke

Eine Radiomeldung schreiben, heißt vor allem: weglassen und zusammenfassen. Nur die wichtigsten und entscheidenden Details müssen in die Meldung.

Wie soll die Meldung aufgebaut sein?

Grundsätzlich gilt: Das Wichtigste zuerst. Ganz so, wie wir das machen, wenn wir Freunden an der Straßenecke Neuigkeiten erzählen: »Schon gehört? Auf der B 27 hat's gestern Abend einen Autounfall gegeben. Ein 19-Jähriger ist schwer verletzt worden …«. Danach folgen weitere Details zum Unfall, wie sie uns die W-Fragen nahelegen.

Beispiel

Kirchentellinsfurt. Ein 19-jähriger Autofahrer ist gestern Abend bei einem Unfall auf der B 27 schwer verletzt worden. Der Mann war laut Polizei in Richtung Nürtingen unterwegs. Bei der Abfahrt am Kirchentellinsfurter Baggersee kam er von der Straße ab und prallte mit seinem Auto gegen einen Baum. Das Auto überschlug sich. Warum es zu dem Unfall kam, ist unklar.

Das Wichtigste einer Meldung soll der Hörer schon im sogenannten Leadsatz hören und erfassen. Die Meldung erzählt Geschehenes deshalb nicht in der ursprünglichen zeitlichen Abfolge. Wer eine Meldung schreibt, muss gewichten: Was ist entscheidend? Was ist der Kern der Geschichte? Daraus wird der Leadsatz. Erst danach wird erklärt, wie und warum es dazu kam.

Merke

Der Leadsatz ist keine Einleitung, sondern beschreibt die Hauptsache einer Geschichte. Er erklärt nicht einen Vorgang, sondern das Ergebnis eines Vorgangs oder seine Folgen. Er thematisiert nicht das Gewöhnliche, sondern das Außergewöhnliche eines Geschehens.

Nun ist es bei einem Unfall relativ einfach herauszufinden, was das Wichtigste ist: Der Unfall und seine Folgen eben und erst danach die Frage, wie genau sich der Unfall abgespielt hat. Die Antworten auf die ersten beiden W-Fragen haben uns also bereits den Leadsatz geliefert. Das funktioniert bei vielen Meldungen, aber leider nicht bei allen. Manchmal muss man selbst bei einer Polizeimeldung den Kern einer Geschichte für den Leadsatz mühsam suchen.

Beispiel

NICHT: Ein 19-Jähriger ist gestern Abend bei Kirchentellinsfurt von der B 27 abgefahren. Dabei kam er von der Straße ab.

SONDERN: Ein 19-jähriger Autofahrer ist gestern Abend bei einem Unfall nahe Kirchentellinsfurt schwer verletzt worden.

NICHT: Der Gemeinderat in Starzach hat gestern über den Haushaltsentwurf für das kommende Jahr beraten.

SONDERN: Die Gemeinde Starzach wird im kommenden Jahr so viele neue Schulden machen wie noch nie. Der Haushaltsentwurf sieht rund 650.000 Euro an neuen Krediten vor. Gestern wurde über den Entwurf im Gemeinderat beraten.

Für einen guten Leadsatz sollte man sich Zeit nehmen. Sitzt er, schreibt sich der Rest der Meldung oft von allein. Er wirkt wie eine zusammenfassende Überschrift und gibt das Weitere vor.

Tipp

Drängt sich kein griffiger Leadsatz auf, hilft oft ein Gedankenspiel: »Ich will die Sache einem Freund erzählen, dem ich an der Straßenecke begegne. ›Schon gehört?‹, sage ich. Und dann?« Nicht selten lässt sich der Satz, der einem an dieser Stelle in den Sinn kommt, zu einem Leadsatz umformulieren. Entscheidend ist: Kann man sich den gefundenen Satz nach einmal Hören merken und selbst vorsagen? Wenn nicht, ist er kein guter Leadsatz.

In welchem Sprachstil schreibt man eine Meldung?

Verständlich und wie erzählt. Das beginnt schon mit dem Leadsatz. Erzählt er von einem vergangenen Ereignis, ist er fürs Radio immer im Perfekt geschrieben. Also: »Ein Autofahrer ist verletzt worden«, und nicht: »… wurde verletzt.«« Üblicherweise sprechen wir auch im Alltag eher im Perfekt als im Präteritum, wenn wir von Vergangenem sprechen. Der Leadsatz schließt so direkt an die alltäglichen Hörgewohnheiten des Hörers an. Denn eine Radiomeldung wird zwar geschrieben, aber sie wird fürs SPRECHEN und HÖREN geschrieben. Sie muss also einfach vorzulesen und einfach zu verstehen sein – meist im Unterschied zur ursprünglichen Pressemitteilung. Auch unsere Beispiel-Pressemitteilung enthält viele Formulierungen, die gesprochen sperrig und gespreizt klingen und über die sich der Nachbar am Gartenzaun wohl wundern würde:

- »Nissan-Lenker«: Dieses Wort gibt es eigentlich nicht. Am Gartenzaun wäre vermutlich eher vom »Nissan-Fahrer« oder einfach vom »Autofahrer« die Rede.
- »Fahrbahnteiler«: Das ist ein Fachbegriff aus der Verkehrsplanung, der Laien kaum geläufig ist.
- »Fahrbahn«, »Pkw«, »Fahrzeug«: Einfacher und alltäglicher sind »Straße« und »Auto«.
- »… befuhr die Bundesstraße«, »zog sich schwere Verletzungen zu«, »musste in das Reutlinger Krankenhaus verbracht werden«: Das klingt alles sehr behördlich. Im Alltag wäre wohl eher vom Fahrer die Rede, der »auf der Bundesstraße unterwegs war«, »schwer verletzt wurde« und »ins Krankenhaus gebracht werden musste«.
- »Neben einem dort verlaufenden Fuß- und Radweg«: Solche verschachtelten Partizipialkonstruktionen kommen in der gesprochenen Sprache kaum vor. Ebenso sperrig: »Der allein im Fahrzeug befindliche Fahrer.« Im Alltagsdeutsch zieht man solche Informationen auseinander und formuliert dafür einen eigenen Satz: »Der Fahrer war allein im Auto.«

Zugegeben: Jeweils für sich genommen sind das nur kleine sprachliche Unterschiede. Alle zusammen aber machen aus, dass die Pressemitteilung der Polizei nicht wie erzählt wirkt. Wer daraus eine gute Radiomeldung machen will, muss deshalb umformulieren und darf sich nicht vom Sprachstil der Pressemitteilung anstecken lassen.

Merke

Die Sprache der Radiomeldung ist schlicht, unmissverständlich und eindeutig. Sie erklärt komplizierte Zusammenhänge einfach. Am besten benutzt man dafür geläufige Wörter und Formulierungen, die auch im Alltag zur gesprochenen Sprache gehören.

Das heißt übrigens auch: keine Angst vor Wiederholungen. Unsere Alltagssprache ist voll davon. Und wer eine Nachricht über einen Autounfall zu erzählen hat, wird selbstverständlich mehrmals das Wort Auto benutzen. Variieren ist unnötig und fürs Verständnis manchmal sogar schädlich. Denn ist in einer Meldung mal vom Auto, mal vom Pkw, mal vom Fahrzeug die Rede, ist schnell nicht mehr klar, ob wirklich immer dasselbe Auto gemeint ist. Ortsnamen müssen ebenso wenig variiert werden. Kirchentellinsfurt heißt nun mal Kirchentellinsfurt – selbst wenn es ein ungewöhnlicher Ortsname ist. Und Frankfurt heißt Frankfurt und nicht Main-Metropole.

Um dem Hörer das Zuhören und Verstehen zu erleichtern, muss die Meldung den Unfall außerdem Schritt für Schritt erzählen.

NICHT: Kirchentellinsfurt. Ein 19-jähriger Autofahrer, der gestern Abend auf der B 27 in Richtung Nürtingen unterwegs war, ist laut Polizei bei einem Unfall an der Abfahrt beim Kirchentellinsfurter Baggersee aus ungeklärter Ursache mit seinem Auto von der Straße abgekommen und hat sich, nachdem er an einen Baum geprallt ist, überschlagen und dabei schwer verletzt.

SONDERN: Kirchentellinsfurt. Ein 19-jähriger Autofahrer ist gestern Abend bei einem Unfall auf der B 27 schwer verletzt worden. Der Mann war laut Polizei in Richtung Nürtingen unterwegs. Bei der Abfahrt am Kirchentellinsfurter Baggersee kam er von der Straße ab und prallte mit seinem Auto gegen einen Baum. Das Auto überschlug sich. Warum es zu dem Unfall kam, ist unklar.

Beispiel

Das geht am besten, indem wir unser Wissen über den Unfall in kleine, in sich geschlossene Sätze packen. Denn lange Sätze mit vielen Informationen verlangen viel Aufmerksamkeit. Es besteht die Gefahr, dass der Hörer nicht bis zum Ende dabei bleibt oder aber wesentliche Teile verpasst.

Merke

Die Radiomeldung erzählt eins nach dem anderen. Sie liefert nur wenige Informationen in einem Satz. Sie ist in überschaubare Sätze gegliedert und kommt wie die gesprochene Alltagssprache ohne Schachtelsätze aus.

Wie sieht das Manuskript für eine Meldung aus?

So, dass sie gut zu lesen, also vorzutragen, ist. Viele Sender haben deshalb feste Vorgaben für ihre Meldungen:

- Eine gut lesbare Schriftgröße von 14 Punkt.
- Einen Zeilenabstand von mindestens anderthalb Zeilen, damit Platz für handschriftliche Korrekturen ist.
- Kein Blocksatz, keine Silbentrennungen. Beides macht beim Zeilensprung Probleme.
- Zahlen bis zwölf werden ausgeschrieben. Große Zahlen werden lesefreundlich notiert: drei Millionen Euro statt 3.000.000 Euro.

Üblicherweise schreiben Hospitanten und Praktikanten beim Radio nicht nur Polizeimeldungen. Aber auch dann sind oft Pressemitteilungen die Grundlage für Radiomeldungen. Firmen und Vereine, Politiker und Verbände schicken Pressemitteilungen an die Sender. Und sie alle schreiben in die Pressemitteilung nur, was sie selbst über sich im Radio hören möchten. Jenseits der handwerklichen Regeln, wie eine Meldung formal auszusehen hat, sollte deshalb jede Meldung inhaltlich überprüft werden.

Schritt für Schritt zur Hörfunkmeldung:

- Sind die Antworten auf alle W-Fragen bekannt?
- Welche Infos fehlen noch?
- Wen muss/könnte ich nach weiteren Informationen fragen?
- Was ist das Wichtigste und muss deshalb in den Leadsatz?
- Welche Details sind für die Radiomeldung nicht unbedingt erforderlich? Worauf kann verzichtet werden?
- Wie lässt sich das, worum es geht, Schritt für Schritt erzählen?
- Wie lässt sich das, worum es geht, in Alltagssprache erzählen?
- Wie lässt sich das, worum es geht, so erzählen, dass es beim ersten Hinhören verstanden wird?
- Leadsatzkontrolle: Lässt er sich nach einmal Hören wiederholen?

Checkliste

Unter www.radio-machen.de gibt es Übungsideen für Meldungen. Wer will, kann sie bewerten lassen.

Tipp

Anders ausgedrückt: Es geht nicht nur darum, eine Pressemitteilung so umzuformulieren, dass sie als Meldung gut rüberkommt. Es geht darum, eine Meldung zu schreiben, die inhaltlich richtig ist. Jede Pressemitteilungen muss deshalb kritisch überprüft werden: Ist das, was da steht, richtig? Fehlt Entscheidendes? Verschweigt die Mitteilung etwas? Warum schreibt die Firma/der Verband zu diesem Thema eine Pressemitteilung? Was will sie/er erreichen? Gibt es andere Firmen/Verbände, die die Sache anders sehen könnten? Dieses Hinterfragen von Informationen ist Aufgabe eines jeden Journalisten.

Merke

Eine Meldung ist mehr als eine umformulierte Pressemitteilung. Sie muss ausgewogen und unparteiisch sein.

Übrigens: Eine Pressemitteilung der Polizei ist genau genommen ebenfalls parteiisch. Sie schildert nur die polizeiliche Sicht der Dinge. Und spätestens, wenn es um Fahndungen und Festnahmen geht, ist genaues Hinschauen nötig. Denn natürlich will die Polizei in ihren Mitteilungen Fahndungserfolge feiern oder Misserfolge verschleiern. Sie wird also immer »mit Hochdruck fahnden«, Hinweise »akribisch genau auswerten«, und mögliche Täter gestehen stets nach »sofort durchgeführten intensiven Vernehmungen«. Das alles sind aber Bewertungen, die in einer Nachrichtenmeldung nichts verloren haben. Dort reicht es, dass die Polizei »fahndet«, »Hinweise auswertet« und »Verdächtige vernimmt«. Die bewertenden Adjektive sind überflüssig. Zu hören sind sie leider dennoch täglich.

Schreiben nach Agenturmeldungen

Viele Meldungen entstehen auf der Basis von Agenturmeldungen. In vielen Sendern gilt: Was zwei Nachrichtenagenturen melden, darf als richtig gelten und im Radio übernommen werden. Meist werden die Meldungen dann fürs Radio umformuliert. Auch das ist gelegentlich ein Job für Hospitanten. Da Agenturmeldungen oft recht sperrig und bürokratisch formuliert sind, kann man als Anfänger dabei durchaus brillieren. Wichtig ist, den Text konsequent fürs Hören zu übersetzen und dabei an Kleinigkeiten zu denken: Der »Dienstag« in der Agenturmeldung ist für uns Radiomacher dann eben »morgen« (natürlich nur, wenn heute Montag ist).

Die Pressekonferenz

Im nächsten Schritt werden Hospitanten, Praktikanten und Volontäre oft zu Pressekonferenzen geschickt, um dort Infos für eine Meldung zu bekommen. Auch dazu laden Firmen, Verbände, Politiker und Unternehmen ein. Meist informieren mehrere Redner auf einem Podium über ein Thema. Anschließend dürfen die Journalisten üblicherweise Fragen stellen. Der große Vorteil einer Pressekonferenz ist gleichzeitig ihr Nachteil für Hörfunker: Sie bietet viele Informationen und Details auf einmal – meist ZU viele für jemanden, der hinterher »nur« eine Radiomeldung schreiben soll und noch keine Routine hat im schnellen Sortieren von wesentlichen und unwesentlichen Informationen. Deshalb:

- Vorbereitet hingehen. Wer sich vor der Konferenz über das Thema schlau macht, um das es gehen soll, muss weniger hektisch mitschreiben. Er kann sich auf das konzentrieren, was neu ist. Er kennt außerdem schon mehr als nur die Sicht der Konferenzmacher.
- Informationen schon vor Ort gewichten. Wer schon während der Konferenz Wichtiges in den eigenen Notizen markiert, z. B. mit Leuchtmarker, findet es auf dem vollgekritzelten Block schneller wieder, um daraus eine kurze, übersichtliche Meldung zu machen.

Tipps

- Keine Angst vor Fragen. Dazu sind Pressekonferenzen da. Selbst was schon einmal gesagt wurde, darf einfach noch einmal nachgefragt werden.

Die Nachrichtenminute

Neben der Meldung gibt es in vielen Radiosendern die Nachrichtenminute, auch Aufsager oder R-Ton (als Abkürzung für Redaktions-Ton) genannt. Oft ist sie die nächste Radioform, an der sich Hospitanten und Praktikanten versuchen dürfen. Denn die Nachrichtenminute ist eine Art verlängerte Meldung, in der dann weitere Details und Hintergründe Platz finden. Im Unterschied zur Meldung werden sie nicht von einem Sprecher vorgelesen, sondern meist vom Autor selbst. Manchmal dürfen das auch Praktikanten und Hospitanten (siehe Kapitel 5: »Nimm das mal auf«). Grundsätzlich gelten fürs Schreiben einer Nachrichtenminute dieselben Regeln wie für die Meldung.

[Vom Nachrichtensprecher vorgetragen:] Beispieldorf. Erneut ist gestern Abend ein Autofahrer bei einem Unfall auf der B 007 am Löweneck schwer verletzt worden. Es ist der dritte schwere Unfall an dieser Stelle seit Beginn des Jahres. Simone Sprech:
[Von der Autorin selbst gesprochen:] Dieses Mal kam ein 19-jähriger Mann von der Straße ab, als er die Abfahrt Richtung Musterstadt nahm. Nach Angaben der Polizei prallte er mit seinem Auto gegen einen Baum und überschlug sich. Der Mann musste schwer verletzt ins Krankenhaus gebracht werden. Warum er mit seinem Auto über die Böschung geriet, ist unklar, sagt die Polizei. Der Unfall erinnert jedoch an zwei andere Unfälle an derselben Stelle. Schon im Januar

Beispiel

war eine 20-jährige Frau auf der Bundesstraße bei Beispieldorf in den Graben gerutscht und schwer verletzt worden. Auch sie war auf der Abfahrt ins Schleudern geraten. Und vor wenigen Wochen war ein 56-Jähriger mit seinem Roller in die Leitplanke gerutscht. Die Polizei bestätigte auf Nachfrage, dass die Abfahrt im vergangenen Herbst neu asphaltiert worden ist. Derzeit gebe es allerdings keine Hinweise auf einen Zusammenhang mit den Unfällen. Der neue Asphalt erscheine nicht glatter als anderswo. Möglicherweise aber müsse das nun erneut geprüft werden.

In vielen Sendern sagen sich Reporter bei Nachrichtenminuten selbst ab. Die Nachrichtenminute endet dann mit: »Simone Sprech, Nachrichtenredaktion« oder »Simone Sprech aus Beispieldorf«. Die entsprechende Form ist meist vorgegeben. Genauso wie die maximale Länge.

Merke

Eine »Nachrichtenminute« ist je nach Sender zwischen 40 Sekunden und einer Minute lang. Um die gesprochene Länge eines geschriebenen Textes einschätzen zu können, gilt die Faustregel:
15 Zeilen à 60 Zeichen = 900 Zeichen = 1 Minute

Die Veranstaltungshinweise

Neben den klassischen Nachrichtenformen dürfen Radioeinsteiger in vielen Sendern Veranstaltungshinweise, kurz »V-Tipps«, schreiben. Sie sind in ihrer Form üblicherweise weniger streng als Nachrichten und unterscheiden sich von Sender zu Sender sehr stark. Deshalb: Erst mal Beispiele hören.

Laufen die V-Tipps angehängt an den Nachrichtenblock? Sollen sie also nachrichtlich klingen? Oder sind sie Einsprengsel im laufenden Programm? Werden sie vom Moderator erzählt oder von einer Sprecherin vorgelesen? Oder werden sie als Gespräch zwischen zwei Präsentatoren ins Programm genommen? Ist zwischendurch Musik zu hören oder ein Ausschnitt aus dem Comedy-Programm, das angekündigt wird? Wird also mit O-Tönen (Original-Tönen) gearbeitet? Je nachdem, wie die V-Tipps gestaltet sind, kann ein Radioanfänger dabei viel lernen: das richtige Texten fürs Radio, den Einsatz von O-Tönen. Möglicherweise darf er die sogar selbst aufnehmen und zurechtschneiden. Bisweilen dürfen Hospitanten die Hinweise auch selbst sprechen. In jedem Fall aber verlangen Veranstaltungshinweise vom Radioanfänger ein Gespür für die Eigenheit des Radios: seine Flüchtigkeit. Denn wer sicherstellen will, dass die Hörer wirklich mitbekommen, wo heute Abend etwas los sein könnte, das sie interessiert, muss den Mut haben, sich zu wiederholen. Mehrfach muss vor allem zu hören sein: WER tritt WO heute Abend auf?

Beispiel

Ein Muss für alle Schmusepopfans: Das Duo »Anna und Nico« stellt heute Abend im »Müllers« in Stuttgart seine neue CD vor. »Hab mich lieb«, heißt sie. Anna und Nico haben da ganz viel Flausch reingepackt. Und ab acht soll's im »Müllers« heute Abend sogar richtig samtig zugehen. Denn wer im samtweichen Nicki nach Stuttgart kommt, darf gratis rein. Alle andern zahlen fünf Euro. Heute Abend also im »Müllers« in Stuttgart: CD-Release-Party mit »Anna und Nico«. Los geht's um 20 Uhr.

Der Wetterbericht

Der Wetterbericht ist ein weiteres Übungsfeld für Radioanfänger. Auch hier ist Formulierungsgeschick gefragt. Die Aufgabe lautet: Wie macht man aus der bisweilen meteorologischen Fachsprache des Wetterdienstes einen Wetterbericht, der zum Zuhören anregt? Und wie sagt man es jede Stunde anders? Schließlich sollen Hörer, die länger dabei bleiben, nicht den Eindruck haben, dass da einer den immer selben Automatentext vorliest. Weil den Moderatoren da manchmal die Ideen ausgehen, können Hospitanten und Volontäre, die einfallsreich texten, in der Redaktion punkten. Das Ziel: eine heitere, klare, knackige Wettervorhersage, in der auch mal eine Pointe stecken darf – je nach Sender, versteht sich.

Original

Von Westen her zieht die Warmfront eines neuen Tiefs bei Island (DIETER) zu uns nach Deutschland. In Baden-Württemberg wird es wolkenverhangen. Im Westen regnet es bereits teils heftig. Die Regenwolken dehnen sich in der zweiten Tageshälfte in die Mitte und den Süden aus. Im Tagesverlauf wird der Regen stärker. Die Dauerregenmenge im Schwarzwald liegt über 30 l/m² in 12 Stunden.
Die Temperaturen steigen auf der Albhochfläche bis 5, am Bodensee auf 6 bis 8 Grad.
Die weiteren Aussichten: Morgen erfassen die Regenwolken das gesamte Land. In der Mitte der Woche gibt es schauerartige Regenfälle bei 4 bis 8 Grad.

Auf Sendung

Wär' ich Karl Lagerfeld, würd' ich sagen: Das Wetter gibt's heute in den Trendfarben taube, maus und

Beispiel

Beispiel

asphalt. Auf gut Deutsch: grau. Daran sind die dicken Regenwolken schuld. Und bis zum Nachmittag wird's fast überall regnen, zum Teil richtig heftig – vor allem im Schwarzwald. Die Temperaturen: fünf Grad auf der Alb, sechs bis acht Grad am Bodensee. Und so bleibt's auch die nächsten Tage. Wetter also von der schaurigen Sorte.

2 »Das wär' was für 'ne Umfrage!« – Wie man auf Stimmenfang geht

Anfänger dürfen beim Radio schnell ans Mikrofon – wenn auch nicht gleich als Sprecher. Denn »ran ans Mikro«, das heißt erst einmal: Umfragen machen, als Stimmenfänger raus auf die Straße, »Vox Pop« sammeln (vom Lateinischen vox populi = Volkes Stimme). Ein Job, der einem als Neuling einiges abverlangt: Auf fremde Leute zugehen, die richtigen Fragen stellen, gute Tonaufnahmen machen und das Aufgenommene zusammenstellen. Das alles brauchen Radioreporter später immer wieder. Umfragen zu machen, ist deshalb ein guter Test. Er zeigt dem Anfänger, ob Radiomachen sein Ding sein könnte. Und er zeigt der Redaktion, ob einer ein Händchen fürs Handwerk hat. Deshalb: rein ins Vergnügen. Ran ans Mikro. Raus ins Leben. Allerdings nicht ohne Vorbereitung.

Die wichtigste Frage vor der Umfrage lautet: Was soll ich eigentlich fragen? Gute Redakteure beantworten einem diese Frage, ohne dass man sie stellt. Oft genug aber sagen sie nur: »Mensch, so ein heißer Sommertag heute. Mach' doch mal 'ne Hitzeumfrage.« Dann ist es an uns, den Redakteur nach einem genauen Arbeitsauftrag zu fragen. Soll es eine Umfrage aus dem Freibad werden: »Heute wollen alle zum Abkühlen ins Wasser. Aber wie? Springen, langsam eintauchen, über die Rutsche? Wie macht's Ihnen/Euch am meisten Spaß?« Oder soll's eine Umfrage unter Gästen im Straßencafé werden: »Sonnenhocker oder Schattensitzer? Wo sitzen Sie bei dem Wetter am liebsten?« Oder sind einfach Antworten aus der Fußgängerzone gefragt: »Der erste heiße Sommertag. Was haben Sie in der Hitze heute vor?«

Merke

Eine Umfrage kann nur so gut werden wie die Frage, die man stellt. Es lohnt sich deshalb, das Thema genau einzugrenzen: Wer soll was wozu gefragt werden? Festlegen muss das der Redakteur, der die Umfrage in Auftrag gibt.

Wie funktioniert das mit der Technik?

Für die meisten Hospitanten und Praktikanten ist eine Umfrage der erste Auftrag, bei dem sie mit Mikro und Aufnahmegerät arbeiten. Deshalb ist das häufig der Moment für eine erste technische Einweisung. Und für die sollte man sich Zeit nehmen.

Tipps

- Straßenumfragen nie mit Mikro ohne Windschutz machen. Der schützt nämlich ganz generell vor lauten Nebengeräuschen im Freien und vor dem unangenehmen »Ploppen« bei »p« und »t«, wenn die Befragten direkt aufs Mikro sprechen.
- Wer ein Gerät mit externem Kabelmikro verwendet, wickelt das Kabel in einer Schlaufe um die Hand. Diese Reporterschlaufe verhindert Knacksen oder Knistern, wenn man das Mikro bewegt und das Kabel eventuell an den Steckern zerrt.
- Keine Ringe tragen an der Hand, die das Mikro hält. Die Kratzgeräusche könnten die Aufnahme stören. Sie klingen oft lauter als das, was die Befragten erzählen.
- Kopfhörer mitnehmen. Dann kann man zwischendurch immer wieder prüfen, ob die Aufnahmen gelungen sind. Allerdings: Kopfhörer nicht während der Umfrage tragen. Das irritiert viele Gesprächspartner.

Vor dem ersten Einsatz sollte man lernen: Wie schaltet man das Gerät ein? Wie startet man die Aufnahme? Wie reguliert und kontrolliert man den Aufnahmepegel? Wie ist der idealerweise eingestellt? Wie hält man das Mikrofon bei der Aufnahme? Vieles davon unterscheidet sich von Gerät zu Gerät. Wichtig ist deshalb, genau das Gerät, mit dem man unterwegs sein wird, zu beherrschen. Oberstes Ziel: technische Störgeräusche vermeiden.

Direkt vor der Umfrage sollte man außerdem immer einen Funktionstest machen: Arbeitet das Gerät wie es soll? Ist der Akku geladen? Das Mikro intakt? Genügend Platz auf der Speicherkarte? Es sind diese letzten Fragen, die einen als Radioreporter vor den ärgerlichsten Pannen bewahren. (Dennoch kann jeder Radiomacher von Dutzenden solcher Pannen erzählen.)

Merke

Das Letzte, was ein Reporter macht, ehe er auf Stimmenfang geht, ist ein Geräte- und Mikrofon-Check.

Wo macht man Umfragen?

Da, wo wir Menschen finden, die unsere Frage beantworten können und Zeit dafür haben. Da, wo wir fragen dürfen. Und da, wo es keine Störgeräusche gibt. Für fast alle Umfragethemen ist das die Fußgängerzone – der Klassiker unter den Umfrageorten. Da gibt es den »Menschen wie du und ich«. Da muss man niemanden für die Umfrage um Erlaubnis bitten. Da stört kein Straßenlärm. Je nach Thema kann es aber natürlich gerade nötig sein, nicht querbeet, sondern gezielt zu fragen – Gäste aus dem Freibad z. B. oder aus Straßencafés. Dann muss man die Besitzer oder Betreiber um Erlaubnis fragen. Dasselbe gilt für Umfragen in Bahnhöfen, Schulen, Kaufhäusern und Krankenhäusern.

Wen spricht man für eine Umfrage an und wie?

Umfragen leben von der Mischung: Alte, Junge, Männer, Frauen, Sonnensitzer, Schattenhocker … Schließlich wollen wir nicht immer dieselbe Antwort hören. Wir möchten eine Umfrage machen, die nicht eintönig klingt. Für den Rest ist ein wenig Intuition gefragt und Beobachtungsgabe: Dass ein knutschendes Pärchen wohl kaum Lust hat, auf Fragen eines Reporters zu antworten, ist klar. Wer dagegen allein auf einer Parkbank hockt und sich lächelnd die Sonne auf den Bauch scheinen lässt, erzählt vermutlich gerne, wie gut es ihm gerade geht. So oder so empfiehlt sich: nicht zu lange nachdenken – ähnlich wie wenn man nach dem Weg oder der Uhrzeit fragt. Ein freundlicher Blick, ein kurzes Lächeln und wenn die Chemie stimmt, loslegen: »Hallo ich bin vom XY-Radio. Wir machen 'ne Umfrage zu Sonnensitzern und Schattenhockern. Wie ist das bei Ihnen? Wo sitzen Sie bei dem Wetter am liebsten?«

Tipp

Den Einstieg in die Umfrage vorher zurechtlegen und die Frage immer mit denselben Worten stellen. Auf die Art lassen sich die Antworten später schlüssig und ohne Zwischentexte aneinanderhängen.

Nachfragen sind trotzdem möglich: »Sie sind also ein Sonnensitzer. Und wie halten Sie das aus?« Tatsächlich kommen die detaillierteren und originelleren Antworten oft erst im zweiten oder dritten Anlauf. Wichtig ist nur, möglichst keine geschlossenen Fragen zu stellen: »Sitzen Sie gerne in der Sonne?« Antwort: »Ja.« Das können wir kaum für eine Umfrage verwenden.

Immer wieder wird es auch Menschen geben, die abwinken und von vornherein klarmachen, dass sie nicht befragt werden wollen. Egal. Wir entschuldigen uns für die Störung und starten den nächsten Versuch bei einem anderen Passanten. Hartnäckig nachbohren wäre unhöflich und lohnt nicht für eine Umfrage. Stattdessen hoffen wir auf den nächsten Gesprächspartner, der gerne erzählt, und achten darauf, dass der dann ungestört antworten kann.

Tipp

Als Reporter schweigen, wenn der Gefragte antwortet. Keine Zwischenbemerkungen machen, nicht laut lachen, nicht mit »ja« und »mhm« reagieren. In der späteren Umfrage stören solche Nebengeräusche. Um dem Gefragten Interesse zu signalisieren, besser nur stumm Blickkontakt halten und gegebenenfalls nicken.

Im Zweifelsfall heißt das auch: Ruhig noch mal eine Sekunde warten und dem Befragten nicht gleich ins Wort fallen. Wer interessante, unterhaltsame, originelle Antworten für seine Umfrage sammeln will, muss den Befragten Zeit lassen, die zu finden.

Dennoch gibt es keine Garantie auf prickelnde Antworten, selbst dann, wenn man als Reporter alles richtig macht. Manchmal fehlt das letzte Quäntchen Glück. Das ist ärgerlich. Denn oft haben wir die Antworten, die wir gerne hören würden, schon im Kopf, ehe wir losziehen. Da ist es nur allzu verführerisch, sich Antwortgeber zu suchen, die wissen, was wir hören wollen: Freunde, Verwandte oder Redaktionskollegen – Menschen eben, die uns auf Bestellung Antworten liefern, die wir für die Umfrage brauchen können. Mit unserer Aufgabe als Reporter hat das dann aber nichts mehr zu tun.

Merke

Eine Umfrage fürs Radio ist keine repräsentative Erhebung, aber ein Ausschnitt aus der Wirklichkeit und kein Hörspiel mit verteilten Rollen. Inszenierte Umfragen mit angeleiteten Antworten sind tabu.

Wie viele Antworten braucht man für eine gute Umfrage?

Das hängt davon ab, wie lange die Umfrage werden soll. In den meisten Sendern gilt die Regel: »Nicht länger als eine Minute«. Das entspricht fünf bis zehn Antworten, und zwar unterschiedlichen Antworten. Die bekommt man im Normalfall nicht gleich bei den ersten Versuchen. Im Durchschnitt wird man also kaum weniger als zehn bis fünfzehn Personen befragen müssen, ehe man das Material für eine einminütige Umfrage zusammenhat. Grundsätzlich gilt: Lieber ein paar Antworten zu viel als zu wenig. Als Anfänger sollte man ruhig mal eine Stunde für den Stimmenfang einplanen.

Welche Antworten wählt man für die Umfrage aus? Wie stellt man sie zusammen?

Zu hören sein sollten alte und junge Stimmen, Männer und Frauen, mal heitere, mal ernste Antworten. Diese Mischung macht eine Umfrage für die Hörer spannend. Umfragen leben von Abwechslung und Kontrasten.

Sie sollte auf keinen Fall erwartbar sein. In der Praxis heißt das: Am besten alle Aufnahmen noch einmal anhören und die Antworten markieren, die aussagekräftig, überraschend, begeisternd, erheiternd sind. Dann die Reihenfolge so bestimmen, dass die Umfrage abwechslungsreich klingt. Besonders wichtig sind bei einer Umfrage die erste und die letzte Antwort. Die eine macht neugierig, die andere bleibt am längsten im Gedächtnis.

Tipps

- Die beste Antwort an den Anfang, die zweitbeste an den Schluss.
- In der Kürze liegt die Würze. Einzelne Antworten sollten nicht zu lange sein.
- Bei ernsten Themen dennoch auflockernde Antworten einbauen.

Apropos ernste Themen: Wenn es bei Umfragen um die Politik geht, sollten die Antworten die ganze Bandbreite an Meinungen zeigen – gerne auch zugespitzt. So ein bisschen Stammtisch darf in den meisten Radiosendern sein – allerdings mit Grenzen.

Merke

Die Antworten in einer Umfrage (und später im Beitrag) müssen sachlich richtig sein. Sie dürfen außerdem niemanden beleidigen oder verleumden. Sie dürfen nicht volksverhetzend sein oder Straftaten billigen. Kurzum: Sie dürfen nicht gegen Gesetze verstoßen. Reporter und Sender könnten dafür verantwortlich gemacht werden.

Außerdem sollten Reporter bei ernsten Themen versuchen, das Meinungsspektrum so abzubilden, wie es sich bei der Umfrage auf der Straße ergeben hat. Denn auch wenn eine Radioumfrage niemals repräsentativ sein kann, sie sollte zumindest korrekt abbilden, was die Reporterin bei ihrer Umfrage erfahren hat.

Wie kommt die Umfrage ins Radio?

In fast allen Radiosendern produzieren Praktikanten und Hospitanten ihre Umfragen selbst: Sie schneiden und stellen die ausgewählten Stimmen mit einem Audioprogramm am Computer zusammen. Nur in wenigen Sendern übernehmen das Techniker (zu den Grundregeln des Audioschnitts siehe Kapitel 3). Am Schluss folgt ein Vorschlag für die Anmoderation der Umfrage.

Beispiel

Endlich Sommer heute. Zum ersten Mal über 25 Grad in diesem Jahr und Sonne pur. Und jetzt? Ab in die Sonne oder doch lieber schon Schatten suchen? Was ist heute ihr Lieblingsplätzchen? Simone Sprech hat Straßencafébesucher in der Tübinger Altstadt gefragt.

Im Normalfall schreibt der Moderator sich die Anmoderation so um, wie es ihm passt und pickt sich die Informationen heraus, die er braucht. Wichtig sind deshalb vor allem die Eckdaten: Wer wurde wo was von wem gefragt? Und warum?

Wie findet man gute Umfragethemen?

Wer altgediente Redakteure als Radioanfänger beeindrucken will, zeigt am besten Eigeninitiative. Das heißt: Nicht immer auf Aufträge warten. Ruhig selbst Vorschläge machen. Gerade für Umfragethemen sind viele Redakteure schnell zu begeistern. Denn Umfragen sind Programmelemente, die ohne großen Aufwand aktuelle Themen aufgreifen können. Besonders erfolgversprechend sind deshalb Vorschläge zu Themen, die gerade in aller Munde sind, die also – wie die Radiomacher sagen – »einen Aufhänger und Gesprächswert haben«. Das kann eine politische Entscheidung sein, das Wetter oder eine Prominachricht. Und weil die meisten Radiosender Umfragen als unterhaltende Elemente einsetzen, haben originelle Fragen besonders gute Chancen.

Beispiel

Ein bekannter Popstar hatte beim Konzert Schweißflecken unter den Achseln. Das Beweisfoto ist heute in den Zeitungen. Eine Umfrage könnte sein: Was war IHR schlimmstes Schweißfleckenerlebnis? Wie haben Sie's überlebt?

Die Bundesregierung hat ein Wachstumsbeschleunigungsgesetz beschlossen. Eine Umfrage könnte sein: Was würden Sie denn gern per Gesetz beschleunigen?

Heiligabend ist vorbei, Silvester gefeiert, die Heiligen Drei Könige waren da. Eine Umfrage könnte sein: Was machen Sie mit den übrig gebliebenen Weihnachtsplätzchen?

Generell lassen sich unterscheiden:

- Umfragen, die nach einer Meinung fragen: »Deutschland wird weitere Soldaten nach Afghanistan schicken. Was halten Sie davon?«
- Umfragen, die nach einem Erlebnis fragen: »Heute ist Weltlachtag. Was bringt Sie am schnellsten zum Lachen?«
- Umfragen, die nach einer Definition fragen: »Was, glauben Sie, ist ein Wachstumsbeschleunigungsgesetz?«

In der Praxis interessiert aber letztendlich nur, ob die Frage, die man stellen will, »funktionieren« wird, ob man also mit interessanten und abwechslungsreichen Antworten rechnen kann.

Merke

Umfragen funktionieren besonders gut
- wenn die Frage ohne große Erklärungen auskommt und auch im Vorübergehen zu verstehen ist,
- wenn nach bekannten Themen gefragt wird, zu denen die meisten etwas sagen können,
- wenn die Frage Lust aufs Antworten macht und nicht reines Wissen abfragt,
- wenn das Thema bereits kontrovers diskutiert wird.

Wer sich unsicher ist, ob seine Umfrage-Idee etwas taugt, probiert seine Frage am besten bei Freunden und Kollegen aus. Kommen schon bei den ersten Versuchen keine verwertbaren oder immer dieselben Antworten, ist entweder das Thema falsch oder die Fragestellung.

Checkliste

Vor der Umfrage klären:

- Was genau soll gefragt werden?
- Was ist der ideale Umfrageort?
- Brauche ich dort eine Erlaubnis (Banken, Bahnhöfe, Einkaufspassagen)?

Während der Umfrage beachten:

- Frage immer mit denselben Worten stellen.
- Nicht in die Antworten quatschen.
- Keine »Jas«, keine Zustimmungsgeräusche machen.

Beim Schnitt:

- Kurze, pointierte Antworten aneinanderreihen.
- Einzelne Antworten nicht zu lange stehenlassen.
- Auf Abwechslung und Vielfalt achten.

(weitere Tipps zum Schnitt in Kapitel 3)

3 »Schneid' das mal zusammen!« – Wie man Aufgenommenes bearbeitet

In den meisten Radiosendern bearbeiten Reporter ihre Aufnahmen selbst am Computer. Auch Hospitanten und Praktikanten dürfen meist schon nach wenigen Tagen Umfragen oder O-Töne für Beiträge schneiden. Viele Radiomacher lieben genau das an ihrem Job: Die Tatsache, dass sie das, was auf Sendung geht, von A bis Z selbst herstellen (im Unterschied zum Fernsehen, wo meist ein Team an einem Film arbeitet). Nach dem Stimmenfang vor Ort geht's also zum Schnitt an den Rechner. Und wer da als Anfänger gute Arbeit machen will, muss zweierlei beherrschen: Das Schnittprogramm und die Kunst des Zuhörens.

Es gibt verschiedene Schnittprogramme. Die gängigsten sind DigAS, CUTmaster, Adobe Audition (früher: CoolEdit Pro) und Audacity. Sie alle lassen sich inzwischen recht einfach bedienen – per Mausklick und oft mit einer Logik, die sich selbst erklärt. Dennoch sollten sich Anfänger von einem erfahrenen Kollegen zeigen lassen, wie es geht. Am besten schaut man jemandem über die Schulter, der eine Umfrage oder O-Töne für einen Beitrag schneidet. So kann man sich Schritt für Schritt und Schnitt für Schnitt abschauen, wie aus Aufnahmen sendefähige Töne werden. Entscheidend ist für den Anfang:

- Wie kommt meine Aufnahme ins Schnittprogramm?
- Wie kann ich die Aufnahmen dort abspielen?
- Wie schneide ich einzelne Teile heraus?
- Wo kann ich diese Teile (zwischen-)speichern?
- Wie kann ich Teile zusammensetzen und einfügen?

- Wie verändere ich die Lautstärke?
- Wie mache ich Arbeitsschritte rückgängig?

Viel mehr wird ein Anfänger nicht brauchen. Denn zunächst geht es nur darum, aufgenommene Antworten zu kürzen, zu säubern und in die richtige Reihenfolge zu bringen. Es werden also unwichtige Einleitungen, Abschweifungen und Nebensätze weggeschnitten oder Ähs und Stotterer entfernt. Soundeffekte dagegen, Blenden oder Mehrspurmischungen sind etwas für Fortgeschrittene. Anfänger verleiten diese Funktionen nur zu Spielereien, die vom Wesentlichen ablenken.

Wie schneidet man technisch richtig?

Ein Audioschnitt im Radio muss gut klingen, nicht gut aussehen. Das liest sich banal, ist es aber nicht. Denn moderne Schnittprogramme ZEIGEN die Aufnahmen auf dem Bildschirm – meist in Wellenform. Dies verleitet Anfänger, die Schnitte da zu setzen, wo man Einschnitte sieht. Doch oft liegt man damit falsch. Denn nicht jeder Buchstabe ist auf der Audiospur zu sehen. Wer nach Sicht schneidet, schneidet deshalb oft Wortendungen oder -anfänge ab. Das klingt dann abgehackt und fehlerhaft. Man sollte sich deshalb von Anfang an zwingen, nach Gehör zu schneiden.

Tipp

Kein Schnitt ohne Hörkontrolle! Dazu wird jeder Schnitt einmal aufmerksam abgehört – am besten ohne Blick auf den Bildschirm. Nur so kann man beurteilen, ob der Schnitt wirklich sauber klingt.

Für den Anfänger ist das oft schwieriger, als man denkt. Denn die digitale Technik mit ihren schier unendlichen Möglichkeiten gaukelt einem vor, es ließe sich alles beliebig verändern: Hier ein Äh raus, da eine Stelle entfernt, wo der Gesprächspartner laut Luft holt, und dann noch den Halbsatz von dort hinten nach da vorne. Doch so einfach ist das nicht. Sind die Aufnahmen z. B. in einem großen Raum gemacht worden, in dem die Stimme nachhallt, kann man nicht direkt nach einem Wort schneiden, weil dann der dazugehörige Nachhall fehlt. Hat bei einer Umfrage auf dem Marktplatz die Rathausuhr gebimmelt, kann man nicht mitten im Glockenton schneiden. Das würde abgehackt klingen.

Ebenfalls problematisch: Viele Reporter schneiden nur Gesagtes aneinander. Die Atempausen aber vergessen sie. Meist ist auch hier der Schnitt nach Sicht schuld. Denn Atempausen sind auf dem Bildschirm kaum zu sehen. Die Folge: Die zusammengeschnittenen Passagen klingen im wahrsten Sinne des Wortes atemlos und roboterartig.

Merke

Man schneidet mit dem Ohr, nicht mit dem Auge. Ein guter Schnitt ist nicht zu hören.

Wie schneidet man inhaltlich richtig?

Wo fängt eine inhaltliche Veränderung durch den Schnitt an? Ist nicht schon das Entfernen eines Nebensatzes ein Eingriff in die ursprüngliche Aussage? Was z. B., wenn man bei einem »Ja, aber«-Satz, den »Aber-Teil« entfernt?: »Ja, schon im nächsten Jahr wird es für alle Kinder unter drei Jahren in unserer Stadt einen Kindergartenplatz geben, [aber ohne zusätzliche Gebühren wird das nicht gehen].« Oder mal angenommen, ein Politiker antwortet auf unsere Frage nach Kindergartenplätzen mit vielen Ähs und Stotterern. Verändert sich seine Aussage, wenn wir seine sprachlichen Stolperer im Schnitt entfernen? Möglicherweise. Denn durch das »Putzen« der Aufnahme wirkt die Antwort des Politikers eventuell entschlossener und tatkräftiger als im Original. Wo genau welche Eingriffe noch angemessen sind und wo sie eine Aussage schon verfälschen, kann deshalb immer nur der Reporter entscheiden. Er allein kennt seine Aufnahmen. Er allein hat den Überblick. Er allein weiß, was sein Gesprächspartner sonst noch gesagt und wie er insgesamt gewirkt hat. Diesem Gesamteindruck ist der Reporter verpflichtet.

In der Praxis ist das schwieriger einzuhalten, als man denkt. Denn Radiomachen heißt oft unter Zeitdruck arbeiten. Und die Entscheidung, WELCHE Antworten man auf Sendung gehen lässt, fällt oft nach dem Motto: Je pointierter und spannender, desto besser. Das ist nicht grundsätzlich falsch. Aber es verführt möglicherweise dazu, einen verzerrten inhaltlichen Schwerpunkt zu setzen. Anders ausgedrückt: Eine Aussage wird im Schnitt ausgewählt und auf die passende Länge zurechtgeschnitten, nur WEIL sie sich auf die passende Länge schneiden LÄSST und nicht, weil die Aussage als solche zentral wäre.

Merke

Ein Schnitt darf eine Aussage nicht inhaltlich verändern.

Der Schnitt verlangt deshalb viel Aufmerksamkeit. Er verlangt ein Gespür für die Aussagen und Fairness gegenüber den Menschen, die einem Rede und Antwort gestanden haben. Bei aller Eile, die im Schnitt oft geboten ist, sollte ein Reporter sich deshalb immer wieder fragen: Entsprechen die Aussagen, die ich bearbeitet habe, noch dem, was der Gesprächspartner gesagt hat? Oder: Wäre ich anstelle des Gesprächspartners einverstanden, wenn diese Antwort so bearbeitet auf Sendung ginge? Würde ich meine Aussagen wiedererkennen?

Grundsätzlich sollte ein Reporter nachdenklich werden, wenn er sich selbst beim allzu kleinteiligen Basteln erwischt. Denn auch dazu können die technischen Möglichkeiten verführen: zum Wortpuzzeln und Um-Sekunden-Feilschen. Dann werden plötzlich einzelne Worte und kleinste Satzteile umgestellt, nur um am Ende drei Sekunden Sendezeit zu sparen. Tatsächlich ist die im Radio oft strikt begrenzt. Die Umfrage darf z. B. »auf keinen Fall länger als 40 Sekunden« werden. Dennoch: Das kleinteilige Puzzeln ist hinterher doch meist hörbar und nicht selten verändert es die inhaltliche Grundaussage.

Vom Rohmaterial zum O-Ton – Wie geht man vor?

Es ist normal, dass der Großteil der Aufnahmen nie auf Sendung geht. Insofern ist Schneiden immer nötig. Dennoch sollte man innerhalb der ausgewählten Aussagen mit so wenigen Schnitten auskommen wie irgend möglich.

Denn der gute Schnitt beginnt vor dem Schneiden. Deshalb an dieser Stelle der Sprung zurück zu dem Moment, wo wir mit unseren Aufnahmen zurück in den Sender kommen: Wir stöpseln das Reportergerät an den Computer an und holen die Aufnahmen ins Schnittprogramm. Das geht sekundenschnell.

Dennoch sollte man nicht gleich mit dem Schneiden beginnen. Besser ist es, sich die Aufnahmen noch mal anzuhören. Und sei es im Schnelldurchlauf. Dabei lassen sich zusammenhängende Antworten begreifen und nachvollziehen. Mögliche Schnittpunkte kann man in Gedanken setzen: »Das kann raus.« »Das wurde schon gesagt«. »Dieser Aspekt kommt später noch klarer.« Erfahrene Kollegen machen diesen Gedankenschnitt schon während der Aufnahmen vor Ort. Sie haben quasi »die Schere im Kopf« und hören, welche Stellen für die spätere Umfrage oder den Beitrag wichtig sind.

Tipps

- So viel schneiden wie nötig, aber so wenig wie möglich.
- Gut Zuhören VOR dem Schnitt. Die eigenen Aufnahmen kennen.

Für Praktikanten und Hospitanten ist die Schnittvorbereitung ein eigener Arbeitsschritt. Für eine Umfrage könnte man sich z. B. erst mal Notizen zu den Aufnahmen machen: Welche Antworten sind inhaltlich ähnlich? Wo sprechen Männer, wo Frauen? Welche Antworten sind witzig, welche ernst? Profis nennen das »ein Schnittprotokoll anlegen«.

Tipp

In den meisten Schnittprogrammen lassen sich Teilabschnitte als Clips anlegen und mit eigenen Namen versehen. Diese Clips können dann inhaltlich sortiert werden. Das Schnittprotokoll entsteht so am Computer. Es lässt sich direkt am Rechner weiterverarbeiten.

Wichtig ist, nicht zu früh in die Details zu gehen und nicht zu früh mit kleinteiligen Schnitten zu beginnen. Das verstellt einem oft den Blick fürs Wesentliche – gerade als Anfänger. Die

Zeit, die man in das Vor-Hören und Vor-Sortieren steckt, ist deshalb gut investiert. Sie hilft, eine klare Vorstellung davon zu bekommen, wo sich inhaltliche Übergänge und sinnvolle Anschlüsse ergeben könnten.

Von der Rohaufnahme zum O-Ton

- Nicht gleich losschneiden!
- Erst noch einmal alles abhören. Wissen, was man an Aufnahmen zur Verfügung hat.
- Schnittprotokoll machen (mindestens in Gedanken oder als Clips im Schnittprogramm): Was wird wann, wo, wie gesagt? Was ist doppelt? Was besonders wichtig/interessant? Was nicht?
- Dann erst mit dem Detailschnitt beginnen.

Die Schnittkontrolle

- Klingt das Geschnittene unnatürlich?
- Fehlen Atmer, Buchstaben, Endungen?
- Weichen die geschnittenen Aussagen von dem ab, was der Gesprächspartner tatsächlich gesagt hat?
- Wirkt der O-Ton-Geber charakterlich anders als im wahren Leben?
- Sind Aussagen aus kleinen Einzelzeilen zusammengepuzzelt?

Wer eine dieser Fragen mit Ja beantwortet, muss nachbessern.

Checkliste

Das Bearbeiten von Audioaufnahmen kann man zuhause am eigenen Rechner üben. Schnittprogramme gibt es (häufig sogar kostenlos) als Downloads im Internet, z. B. Audacity (http:// www.audacity.de/). Und Aufnahmegeräte für den Stimmenfang gibt es schon für unter hundert Euro. Schnittübungen kann man bewerten lassen unter www.radio-machen.de.

4 »Das wär' doch ein schönes Stück!« – Wie aus Text und Tönen ein Beitrag wird

Mal angenommen, Musterstadt hat zu einem Kompositionswettbewerb aufgerufen. Gesucht werden Schüler, die eine neue Melodie für das Glockenspiel auf dem Rathaus schreiben. Gut möglich, dass dann in der Redaktion der Satz fällt: »Das wär' doch ein schönes Beitragsthema für unsere Hospitantin!« So unspektakulär und beiläufig nämlich kommen Radioneulinge oft zu ihrem ersten eigenen Beitrag. Dann setzt das große Herzklopfen ein. Denn so ein Auftrag ist in vielen Redaktionen ein Abschlussbonbon für engagierte Neulinge, aber auch eine Prüfung, bei der sie sich noch einmal beweisen sollen. Umso besser, wenn man dann vorbereitet ist.

Was ist das überhaupt, ein Radiobeitrag?

Ein Radiobeitrag kann vieles sein: ein O-Ton-Bericht, ein Feature, eine Reportage. Das alles sind Fachbegriffe für unterschiedliche Arten von Radiobeiträgen. Doch die Begriffe meinen von Sender zu Sender Unterschiedliches. Für den Anfang ist entscheidend: Ein Radiobeitrag ist eine Mischung aus selbst gesprochenem Reportertext und aufgenommenen O-Tönen. Jedenfalls ist das meist gemeint, wenn ein Hospitant den Auftrag bekommt, einen Beitrag zu machen. Für unser Beispiel heißt das: Wir müssen uns Gesprächspartner suchen, die uns etwas über den Wettbewerb erzählen können. Wir müssen vor Ort Stimmen, Geräusche und Musik aufnehmen. Wir müssen die Aufnahmen bearbeiten. Wir müssen einen Text schreiben, der erklärt, worum es bei dem Wettbewerb geht. Wir müssen diesen Text möglicherweise selbst sprechen und dazwischen Teile der Aufnahmen einbauen. Tatsächlich nennt sich diese Art Beitrag deshalb auch »gebauter Beitrag«.

Trotzdem muss in jedem Einzelfall geklärt werden, was genau die Redaktion denn nun haben will. Dazu sollte man sich mit dem Redakteur absprechen, der den Auftrag erteilt. Von ihm sollte man sich genau erklären lassen, was der Beitrag leisten soll: Soll er klären, dass es den Wettbewerb gibt und wie er funktioniert? Soll er erzählen, wie die Schüler fürs Glockenspiel komponieren? Soll er den Glockenspielchef porträtieren, der die neuen Stücke sichtet und testet? Soll der Beitrag unterhalten oder informieren? Und wie lange soll er werden? Üblicherweise sind die ersten Beiträge, die Hospitanten und Praktikanten machen, nicht länger als zweieinhalb Minuten, oft auch nur anderthalb. Das sind Standardlängen im Hörfunk. Und wer die sinnvoll nutzen will, muss das Thema eingrenzen.

Tipp

Um das genaue Thema für einen Beitrag auf den Punkt zu bringen, hilft es, eine Art Schlagzeile zu formulieren: Was stünde über dem Beitrag, den ich machen soll? Was wäre eine attraktive Überschrift?

Für unser Beispiel könnte die Überschrift lauten: »Komponieren fürs Glockenspiel. Musterstädter Schüler schreiben neue Stücke für das Glockenspiel auf dem Rathaus« oder »Uraufführungen im Minutentakt. Musterstadt testet die neuen Glockenspielstücke von Nachwuchskomponisten«. Mit der Aufforderung »mach' mal einen Beitrag über den Glockenspielwettbewerb in Musterstadt« können also verschiedene Beiträge gemeint sein. Welcher es werden soll, muss die Redaktion entscheiden. Deshalb:

Tipp

Aufträge für Beiträge genau absprechen. Mit dem Redakteur klären, was er von dem Beitrag inhaltlich erwartet und was formal nötig ist.

Wie findet man Informationen und Gesprächspartner?

Klassischerweise bekommen Hospitanten und Praktikanten eher spielerische Themen für ihre Premierenbeiträge. Themen also, die unterhalten sollen, die »bunt« sind, wie die Redakteure sagen, eben Glockenspielthemen. Deshalb spielen wir dieses Beispiel Schritt für Schritt durch, von der Vorbereitung bis zum fertigen Beitrag. Zugegeben: Die einzelnen Schritte würden bei einem Beitrag über ein umstrittenes neues Einkaufszentrum am Stadtrand zum Teil anders aussehen. Allerdings nur unwesentlich.

Die Arbeit an allen Beiträgen beginnt mit der Recherche. Das ist ein hochtrabendes Wort für einen schlichten Vorgang. Gemeint ist einfach: sich Informationen beschaffen und Gesprächspartner finden, Fragen stellen und Antworten suchen, und zwar bei Leuten, die wissen, worum es geht. Das können die Akteure selbst sein oder Experten, die sich mit der Sache auskennen, in unserem Fall also vermutlich die, die den Wettbewerb veranstalten. Wenn wir die noch nicht kennen, müssen wir uns durchfragen. Wir rufen also beim Rathaus an und erkundigen uns.

Am besten stellt man dazu einfach Fragen, die sowieso geklärt werden müssen. In unserem Fall: Worum geht es in dem Wettbewerb? Warum gibt es den? Wie läuft das ab? Sind schon

Einsendungen da? Wann wird der Sieger gekürt? Neben diesen Eckdaten und Fakten interessiert uns dabei auch immer: Was passiert ganz konkret in der Sache und was hat wer zu machen – heute, morgen, nächste Woche?

Tipp

Das wichtigste Arbeitsgerät zu Beginn eines Beitrags ist das Telefon. Die Suche im Internet hilft zwar, die nötigen Kontaktdaten zu finden. Aber nur am Telefon lässt sich herausfinden, ob uns ein Gesprächspartner wirklich die richtigen Informationen liefert und ob er die radiotauglich vor dem Mikrofon rüberbringt.

Im Fall unseres Glockenspielwettbewerbs könnte sich beim Telefonat herausstellen, dass der zuständige Mann im Rathaus schon seit Tagen die eingehenden Noten inspiziert und testweise auf dem Glockenspiel spielt. Oder aber, dass eine ganze Schulklasse sich am Wettbewerb beteiligt und deshalb täglich zusammen komponiert. Das sind Schilderungen, bei denen ein Radiomacher hellhörig werden muss. Erstens, weil sich so oft weitere Gesprächspartner finden, die möglicherweise etwas erzählen können. Zweitens, weil wir so Ideen bekommen für gute Aufnahmeorte. Denn lebendige O-Töne bekommt man am ehesten dort, wo etwas passiert, wo jemand etwas macht.

Merke

Ein guter Radiobeitrag ist nicht nur ein zerschnittenes Interview mit Zwischentexten. Ein Beitrag mit O-Tönen soll den Hörer vielmehr lebendig und authentisch informieren und/oder unterhalten.

Außerdem geben konkrete Ereignisse dem Beitrag eine klare Geschichte: Wir berichten eben nicht über den Wettbewerb irgendwie und allgemein, sondern über die spannende Arbeit eines Jurors oder die aufregenden ersten Kompositionsversuche der Schüler. Und die soll der Hörer im Beitrag dann auch miterleben.

Tipp

Am besten schon bei den ersten Gesprächen nicht nur nach Fakten, sondern nach konkreten Abläufen und Erlebnissen fragen. Herausfinden, wer alles beteiligt ist, was man als Radioreporter miterleben könnte und genau dafür ein Treffen vereinbaren.

Wie bekommt man die O-Töne, die man haben will?

Indem man als Reporter so nah und direkt wie möglich ans Geschehen geht. Indem man die Gesprächspartner nicht nur interviewt, sondern sie erzählen und handeln lässt. Um das zu erreichen, gibt es ein paar Tricks.

Zunächst aber muss man sich klarmachen, welche Funktion O-Töne im Beitrag haben. Im Grunde könnte der Reporter ja alles allein erzählen. Das ginge schneller und wäre weniger aufwändig. Doch Beiträge mit O-Tönen haben einige entscheidende Vorteile:

- Sie klingen abwechslungsreicher und lebendiger, weil verschiedene Stimmen vorkommen.
- Sie liefern Eindrücke von vor Ort und versetzen den Hörer direkt hinein ins Geschehen.
- Sie lassen Experten, Kenner und Akteure zu Wort kommen und sind damit glaubwürdig und authentisch.

Merke

O-Töne liefern in einem Beitrag mehr als Fakten. O-Töne liefern, was der Reporter alleine nicht liefern kann. Sie lassen den Hörer die Situation vor Ort miterleben. Was im O-Ton gesagt wird, soll eine Sache belegen oder illustrieren, nicht NUR die Fakten beschreiben.

Gelungene O-Töne bekommt man also meist nicht auf die Schnelle mit einem kurzen Frage-Antwort-Spiel am Schreibtisch. Wer O-Töne aus dem Leben haben will, muss als Reporter versuchen, an das Leben ranzukommen.

Beispiel

Im späteren Beitrag über den Glockenspielwettbewerb wollen wir vom Glockenspielexperten NICHT hören: »In den vergangenen drei Tagen wurden 129 Kompositionen von 80 Schülern eingereicht. Darunter die von neun Schulklassen.«

SONDERN: »Mit so vielen Teilnehmern habe ich nicht gerechnet. Ich bin total verblüfft. Jetzt muss ich sogar schon Überstunden machen, um die eingehenden Kompositionen zu testen.«

Wir wollen NICHT hören: »Seit vergangener Woche gehe ich jeweils nach Feierabend hoch auf den Glockenspielturm und lass' mir ein, zwei neue Kompositionen vorspielen.«

SONDERN wir wollen dabei sein, wenn er sich Kompositionen vorspielen lässt. Wir wollen die Schritte hören, wenn er hoch auf den Turm steigt, und dann das bimmelnde Glockenspiel.

In der Praxis ist das oft nicht einfach. Vor allem, weil die Gesprächspartner anfangs meist gehemmt sind. Sie erwarten einen Reporter, der ihnen Fragen stellt, und sind darauf eingestellt, Antworten zu geben – wie bei einer Prüfung, in der es darauf ankommt, nur nichts Falsches zu sagen. Das Ergebnis sind oft Antworten, die steril klingen – eben abgefragt. Der erste Schritt zu lebendigen O-Tönen heißt deshalb: Weg vom reinen Frage-Antwort-Spiel.

Dann kann der Gesprächspartner zeigen, tun und machen, was er immer macht. Das gibt ihm Sicherheit. Auf weitere Fragen antwortet er dann eher beiläufig und seine Antworten beziehen sich auf ein konkretes Geschehen. Sie werden weniger abstrakt und klingen meist aktiver und lebendiger als am Schreibtisch abgefragte Antworten.

Diese Art des direkten Dabeiseins ist ein Privileg des Radioreporters. Im Unterschied zum Zeitungsreporter muss er nicht zwischendurch Notizen auf seinen Block kritzeln und das Erlebte in Worte übersetzen. Anders als beim Fernsehreporter stört keine Kamera. Stattdessen hat er mit seinem kleinen Aufnahmegerät gute Chancen, den Gesprächspartner das Mikrofon einfach vergessen zu lassen.

Tipps

- Gute Fragen, um einen Gesprächspartner aus der klassischen Interviewsituation herauszuführen, sind: Würden Sie mir das mal zeigen? Kann ich das mal sehen? Können Sie mir das vorführen?
- Beim Aufnahmetermin nicht gleich mit der Tür ins Haus fallen und mit den entscheidenden Fragen loslegen. Die meisten Gesprächspartner brauchen eine Art Aufwärmtraining.
- Beim Aufnahmetermin jede Chance für gute O-Töne nutzen. Gerade Anfänger schalten zu früh auf Stopp und Pause. Doch kürzen geht später immer, sich fehlende O-Töne besorgen nicht.

Idealerweise wird der Reporter irgendwann nicht mehr als Reporter, sondern einfach als interessierter Beobachter empfunden. Er kann Augenkontakt halten oder unauffällig über die Schulter schauen. Das Aufnahmegerät läuft einfach mit. Die interessantesten, witzigsten, lebendigsten O-Töne entstehen so oft nebenher und unerwartet.

Später hilft die Erfahrung zu entscheiden, wann gute O-Töne zu erwarten sind und wann nicht. Anfänger aber sollten sich Zeit nehmen für Aufnahme und Gesprächspartner.

Wir haben uns mit dem Glockenspielexperten verabredet. Wir haben besprochen, dass wir gemeinsam rauf zu den Glocken gehen. Vorher treffen wir uns in seinem Büro. Dort erklären wir, wie alles ablaufen wird, dass wir Fragen stellen und Aufnahmen machen, dass die Aufnahmen später nicht eins zu eins gesendet, sondern in einem Beitrag verarbeitet werden. Wir machen einen Mikrofoncheck und lassen den Gesprächspartner sagen, wie er heißt und was er macht. Das dient uns und dem Gesprächspartner als Einstieg. Dann beginnen wir, Fragen zu stellen. Zunächst solche, die eher Fakten abfragen: Wie lange läuft der Wettbewerb schon? Wie viele Einsendungen gibt es? Wer entscheidet am Ende? Solche Fragen sind klar und eindeutig zu beantworten. Sie haben den Vorteil, dass der Gesprächspartner sie in jedem Fall beantworten kann, sich sicher fühlt und erst einmal loswird, was er loswerden will. Nach dieser Aufwärmphase können wir nach Persönlicherem fragen: Wie findet er die Zeit, all die Noten durchzusehen und zu testen? Macht das Spaß? War schon eine Melodie dabei, die ihm besonders gut gefallen hat? Welche? Und: »Ist das da eigentlich der Ordner mit den Noten drin? Darf ich mal einen Blick reinwerfen? Ach, da sind ja wirklich anspruchsvolle Stücke dabei …« Nach und nach wird

Aus diesem Beispiel wird klar: Gute Antworten bekommt man oft ganz ohne Fragen. Sie entstehen aus der Situation heraus. Vorsicht deshalb vor dem mitgebrachten Fragenkatalog. Er ist ein Einstieg ins Gespräch und gut, um die wichtigsten Eckdaten zu klären, aber nicht mehr. Denn wer mit vorgefertigten Fragen zum O-Ton-Termin kommt und nicht mehr macht, als die abzuhaken, verpasst meist die interessantesten Aspekte und die schönsten Gelegenheiten.

Für gute O-Ton-Aufnahmen empfiehlt es sich, eher ein lockeres Gespräch zu führen und nicht ein klassisches Interview. Oder anders ausgedrückt: Der Gesprächspartner soll nicht nur Fragen beantworten, er soll erzählen dürfen.

Dass wir das Gespräch führen, um gute O-Töne zu bekommen, soll der Gesprächspartner idealerweise gar nicht merken.

Aber Vorsicht:

Merke

Heimliche Aufnahmen ohne Wissen des Aufgenommenen sind verboten. Selbst dann, wenn die Aufnahmen später nicht verwendet und gesendet werden.

Das regelt der Paragraf 201 im deutschen Strafgesetzbuch. Der schützt die »Vertraulichkeit des Wortes«. Gesprächspartner sollten deshalb vor der Aufnahme immer aufgeklärt werden darüber, dass die Aufnahmen fürs Radio sind und eventuell gesendet werden. Gerade bei spontanen Befragungen ohne Verabredung sind solche Aufnahmehinweise wichtig, weil die modernen Aufnahmegeräte oft keine erkennbaren Mikrofone haben. Ein Gesprächspartner könnte also hinterher behaupten, er habe das Gerät für das Diktiergerät eines Zeitungsreporters gehalten und er wäre nie mit einer Ausstrahlung einverstanden gewesen.

In Ausnahmefällen sind heimliche Aufnahmen übrigens dennoch erlaubt. Nämlich dann, wenn die Aufnahme »zur Wahrnehmung überragender öffentlicher Interessen gemacht wird«, wie es im Gesetz heißt. Das betrifft dann aber investigative und aufklärerische Geschichten, nicht den bunten Gute-Laune-Beitrag vom Glockenspielwettbewerb und auch nicht die heimlichen Aufnahmen bei Radio-Spaßtelefonaten. Denn auch am Telefon sind Mitschnitte ohne Wissen des Gesprächspartners verboten. Dennoch: Am liebsten ist es uns, wenn der Gesprächspartner das Mikrofon irgendwann vergisst. Er soll gar nicht merken, dass er gerade Aufnahmen liefert. Wir selbst aber müssen es im Hinterkopf haben und deshalb gute Zuhörer sein. Wir registrieren als Reporter, wenn etwas gesagt wird, das unverständlich ist, wenn Antworten interessant, aber zu lang sind, wenn sich der Gesprächspartner verhaspelt oder undeutlich spricht. Dann fragen wir nach. Geduldig.

Tipp

Fragen ruhig mehrfach stellen. Keine Scheu vor Präzisierungsfragen. Wenn nötig, den Gesprächspartner zu einer genaueren Erklärung anregen. Niemals zufrieden sein, mit einer Antwort, die man selbst nicht verstanden hat.

Neben dem gesprochenen Wort sollten vor Ort wenn möglich auch Geräusche aufgenommen werden und »Atmo«, wie die Radiomacher sagen. Damit sind Hintergrundgeräusche gemeint, die für einen bestimmten Ort typisch sind. Geräusche machen den Beitrag später lebendig und versetzen den Hörer dahin, wo wir als Reporter waren, in unserem Fall z. B. auf den Glockenturm. Interessant könnten die Schritte auf der Treppe sein. Das Knarzen der Tür. Und das Glockenspiel selbst.

Wie viel man als Reporter insgesamt aufnehmen soll für einen Beitrag, ist schwer festzulegen und hängt von der jeweiligen Situation ab. Für den Termin mit dem Glockenspielexperten wird man sich wohl mindestens eine Stunde Zeit nehmen müssen. Am Ende wird man allein mit diesem Gesprächspartner vermutlich eine halbe Stunde aufgenommen haben.

Tipp

Um später schneller entscheiden zu können, welche Aufnahmen wichtig sind und welche nicht, empfiehlt es sich, nicht alles am Stück aufzunehmen, sondern immer wieder neue Aufnahmeabschnitte zu starten – z. B. mit jeder neuen Frage oder dann, wenn gerade eine besonders gelungene, interessante, witzige Antwort aufgenommen wurde. Man findet sie später leichter wieder, wenn sie nicht mitten in einer Bandwurm-Aufnahme steckt.

Wie wählt man die O-Töne für den Beitrag aus?

Grundsätzlich sollen nur die besten O-Töne in den Beitrag. Um die zu finden und um eine Übersicht zu bekommen, empfiehlt sich ein Schnittprotokoll (siehe Kapitel 3). Gesucht werden damit O-Töne, die mehr liefern als schlichtes Faktenwissen, nämlich Hinhörer und O-Töne, die das gewisse Etwas haben.

Merke

Für den Beitrag kommen nur O-Töne infrage, die
- technisch einwandfrei,
- verständlich und
- Hinhörer sind.

Mit dieser Auswahl arbeitet man weiter. Man wählt erneut aus, wählt wieder aus, wählt noch mal aus, schneidet zurecht und kommt so am Ende zu den O-Tönen, die in den Beitrag sollen – am besten schon in einer bestimmten Reihenfolge: Denn idealerweise erzählen bereits die O-Töne eine Geschichte. Wer sie hört, kann erahnen, was im Beitrag passieren und worum es gehen wird.

Diese letzte Auswahl und Ordnung der O-Töne verlangt Fingerspitzengefühl. Sie verlangt ein Gespür dafür, in welcher Reihenfolge man eine Geschichte erzählen könnte. Sie ist über weite Strecken recht intuitiv. Ein allgemeingültiges Richtig oder Falsch gibt es nicht, nur ein paar handwerkliche Empfehlungen:

- Für einen Zweieinhalb-Minuten-Beitrag sind die einzelnen O-Töne idealerweise zwischen 5 und 20 Sekunden lang. Kürzere oder längere O-Töne ver-

dienen eine genau Kontrolle: Versteht man sie in der Kürze? Sind sie interessant genug für die Länge?
- Die O-Töne machen später rund die Hälfte der Beitragslänge aus. Für einen Zweieinhalb-Minuten-Beitrag also insgesamt zwischen einer und anderthalb Minuten.
- Der einzelne O-Ton sollte möglichst nur EINEN Gedanken transportieren. Das gibt dem Beitrag eine klare Struktur. O-Töne mit mehreren Gedankenschritten sind oft schwer verständlich.

Merke

Der erste und der letzte O-Ton in einem Beitrag sollten besonders prägnant und interessant sein. Der eine animiert zum Weiterhören, der andere bleibt im Gedächtnis.

Als Reporter sollte man sich bei der Auswahl der Töne immer wieder vorstellen, selbst Hörer zu sein. Man muss sich fragen: Interessiert mich das? Langweilt mich das? Will ich weiter zuhören? Wenn nicht, sollte man sich andere O-Töne suchen.

Wie schreibt man gute Zwischentexte?

Am besten, indem man tatsächlich von O-Ton zu O-Ton textet, indem man also Brücken schlägt. Man könnte auch sagen: Der Reporter erzählt die Geschichte zwischen den O-Tönen weiter. Dabei liefert er das Notwendige:

Der Text zwischen den O-Tönen
- ist der rote Faden des Beitrags,
- verbindet die O-Töne,
- enthält unverzichtbare Informationen und Daten: Wer spricht? Wo sind wir? Was sind die Fakten?

Merke

Wichtig sind ein gewisses Rhythmusgefühl und ein Gespür für die gelungene Abwechslung zwischen Tönen und Text. Beides sollte sich ungefähr die Waage halten. Andernfalls klingt der Beitrag im wahrsten Sinne des Wortes unausgewogen. Gleichzeitig sollen sich O-Ton und Text aber nicht zu gleichmäßig abwechseln. Das macht einen Beitrag schnell langweilig. In der Regel gilt für einen Zweieinhalb-Minüter: Ein Satz zwischen zwei O-Tönen ist zu wenig. Zehn Sätze sind zu viel. Für den Beitragseinstieg gilt: Nicht zu lange mit dem ersten O-Ton warten.

Anfänger neigen dazu, am Beginn eines Beitrags lange Einleitungen zu schreiben, in die sie alles packen, was sie an Informationen und Hintergrundwissen haben. Erst dann platzieren sie den ersten O-Ton. Beim Zuhören wirkt das oft wie die lange Tischrede vor dem Festessen: Man gähnt und fragt sich, wann es endlich losgeht. Deshalb: Nicht sparen mit den Hinhörern. Ruhig den besten O-Ton ganz nach vorne. Vielleicht sogar als Einstieg. Denn ein Beitrag kann auch mit einem O-Ton beginnen. Oft ist das sogar besonders packend. Allerdings muss der Beitrag später auf Sendung dann auch entsprechend anmoderiert werden. Und das muss der Reporter schon beim Texten berücksichtigen. Denn für den Zuhörer beginnt der Beitrag später mit der Einleitung des Moderators und nicht erst mit dem Stück, das der Reporter zusammenbaut. Es empfiehlt sich also, schon beim Texten daran zu denken, was eigentlich der Moderator später sagen wird, und ob eine kurze und prägnante Hinführung auf den Beitrag möglich ist. In vielen Radioredaktionen ist es deshalb Pflicht, zu einem Beitrag auch einen »Anmoderationsvorschlag« abzuliefern. Und genau den textet man am besten gleich zu Beginn (Tipps für Anmoderationen siehe Kapitel 8). Dann ist sichergestellt, dass diese Infos dem Moderator überlassen bleiben und später ein für den Hörer weicher Übergang in den Beitrag möglich ist. Im Beitrag selbst müssen diese Infos dann nicht zwingend nochmal auftauchen. Ein Beitrag kann auch mit einem O-Ton enden. Der sollte dann aussagekräftig und pointiert sein und wirklich nach einem Ende klingen. Andernfalls hängt der Reporter lieber noch einen Schlusssatz an.

Wie muss der Beitragstext klingen?

Stilistisch gilt für die Zwischentexte im Beitrag, was für alle Texte im Radio gilt: Sie müssen beim ersten Hören zu verstehen und gut zu sprechen sein.

Tipp

Wer schon beim Schreiben alle Sätze laut spricht, nervt zwar den Bürokollegen, merkt aber gleich, ob das Getippte wirklich gut klingt und flüssig über die Lippen geht.

Dabei darf man sich ruhig trauen, so zu erzählen, wie man es im Alltag tut. Hauptfehler bei Anfängern ist der allzu große Respekt vor dem Text. Deshalb schreiben sie Sätze, die klingen wie aus einem Behördenformular.

NICHT:
In Musterstadt spricht man im Zusammenhang mit dem Glockenspielwettbewerb von einem großen Erfolg. Nach dem Aufruf wurden bereits 129 Kompositionen von Schülern eingereicht. Eine Vielzahl der teilnehmenden jungen Komponisten ist unter 14 Jahre alt. Die meisten haben sich bei ihren Kompositionen an Werken großer Vorbilder wie Bach und Mozart orientiert. Das ist ein Vorgang, der den Regeln des Wettbewerbs entspricht.

> **Beispiel**
>
> SONDERN:
> Der Glockenspielwettbewerb in Musterstadt läuft gut, sagt der Bürgermeister. Über hundert Schüler haben schon Stücke im Rathaus abgegeben. Die jüngsten Komponisten sind gerade mal zehn Jahr alt. Und die meisten haben bei Bach oder Mozart gespickt. Denn Nachahmen ist erlaubt.

Beim Schreiben sollte man nicht an das große Publikum denken, sondern an den einzelnen Hörer, am besten so, als würde man die Geschichte einem guten Freund erzählen. So bleibt die Sprache schlicht und alltagstauglich.

Eine Besonderheit speziell beim Schreiben von Beitragstexten ist das Antexten. Gemeint ist damit das Hinleiten auf einen O-Ton. Es soll dem Hörer vor allem verraten, wer da gleich spricht und worum es dabei gehen wird. Allerdings soll das möglichst unauffällig und beiläufig geschehen.

>
>
> **Beispiel**
>
> NICHT:
> Der Wettbewerb läuft gut. Über hundert Schüler haben bereits Stücke im Rathaus abgegeben. **Dazu sagt der zuständige Rathausmitarbeiter Xaver Glockenschlag:** »Mit so vielen Teilnehmern habe ich nicht gerechnet. Ich bin total verblüfft …«
>
> SONDERN:
> Der Wettbewerb läuft gut. Xaver Glockenschlag vom Rathaus hat alle Hände voll zu tun. Denn über hundert Schüler haben bereits Stücke eingereicht. »Mit so vielen Teilnehmern habe ich nicht gerechnet …«

Idealerweise lässt man O-Ton-Geber also nicht immer etwas »sagen«, »meinen«, ihren Senf »dazu« geben. Wer die O-Töne immer so überdeutlich antextet, macht den Beitrag langweilig und sperrig. Außerdem sollte nicht schon im Antexter gesagt werden, was gleich im O-Ton kommt.

Beispiel

NICHT:
Der Wettbewerb läuft gut und über hundert Schüler haben bereits Stücke eingereicht. Damit hat Xaver Glockenschlag vom Rathaus nicht gerechnet. »Mit so vielen Teilnehmern habe ich nicht gerechnet. Jetzt muss ich sogar schon Überstunden machen …«

Man kann O-Töne auch abtexten, statt sie anzutexten. Dann folgen die nötigen Infos erst NACH dem O-Ton.

Beispiel

Der Wettbewerb läuft gut, vielleicht schon zu gut. »Jetzt muss ich sogar schon Überstunden machen, um die eingehenden Kompositionen zu testen.« Doch Xaver Glockenschlag hat Spaß dabei. Denn er, der sonst als Beamter im Rathaus viel am Schreibtisch sitzt, macht seine Überstunden jetzt an der frischen Luft auf dem Glockenturm …

Im Zweifelsfall gilt: Die Abwechslung macht's.

Wie sieht das Manuskript für einen Beitrag aus?

Vor allem übersichtlich. Denn nichts ist schlimmer, als bei der Produktion plötzlich nicht mehr zu wissen, wo es weitergeht im Text: »War das hier auf der Rückseite? Moment. Ach nee. Da kommt ja noch ein O-Ton!« Viele Sender haben deshalb Vorgaben für Manuskripte. Typisch sind:

- ein großer Zeilenabstand – dann haben Ergänzungen und Änderungen Platz,
- abgesetzte Abschnitte für O-Töne – am besten durchnummeriert,
- die jeweils ersten und letzten Worte eines O-Tons,
- die Länge der O-Töne in Klammern,
- 14-Punkt-Schrift mit Zeilen à 60 Zeichen – dann sind 15 Zeilen gesprochen ungefähr eine Minute lang.
- Und bitte: Nie die Rückseite beschreiben! Das erschwert die Orientierung und raschelt unnötig beim Umblättern.

(Bespielmanuskripte und -vorlagen gibt es unter www.radio-machen.de.)

Komplizierte Worte und Namen schreibt man im Manuskript am besten so, wie man sie spricht. Andernfalls hat man bei der Aufnahme schon wieder vergessen, dass sich der Musikschullehrer Koneczny »Konetschni« spricht. Aber Vorsicht: den falsch buchstabierten Namen später nicht für den echten halten. Am besten kennzeichnet man solche Aussprachehilfen mit Anführungszeichen.

Letzte Schritte vor der Aufnahme

Noch mal prüfen – der Faktencheck

Selbst in einem hundert Mal gelesenen Manuskript stecken oft Fehler, die peinlich sind: Falsche Namen. Falsche Zahlen. Falsche Orte. Wer fertig ist mit dem Texten, sollte deshalb Satz für Satz durchgehen: Heißt der Juror wirklich so? Stimmt sein Alter? Und hat das Glockenspiel wirklich sieben Glocken? Fact-Checking nennen Journalisten das, wenngleich sie damit meist mehr meinen als die Namens- und Zahlenüberprüfung. Denn zum Fact-Checking gehören auch inhaltliche Überprüfungen: Kann die Darstellung so richtig sein? Sind die Gesprächspartner glaubwürdig? Sind manche Aussagen nur Behauptungen oder sind sie belegt? Haben mindestens zwei Quellen das bestätigt? Da bunte Beiträge, wie sie Radioanfänger machen, meist unstrittige Themen behandeln, sind diese Fragen zunächst oft zweitrangig. Dennoch sollte man sich das Fact-Checking von Anfang an angewöhnen. Denn wer es sich zur Routine macht, Fehler zu suchen, wird weniger Fehler machen.

Noch mal prüfen lassen – die redaktionelle Abnahme

In professionellen Redaktionen gilt das Vier-Augen-Prinzip, das heißt: Mindestens eine weitere Person kontrolliert den Beitrag und überprüft ihn auf Fehler und Unstimmigkeiten, auf Verständlichkeit und Stil. In manchen Redaktionen wird das bereits am Manuskript kontrolliert. Man legt also Text und O-Töne einem Redakteur vor. Der sieht und hört sie durch: Er »nimmt den Beitrag ab«. Viele Redaktionen machen diese Abnahme erst nach der Aufnahme. Steckt dann ein Fehler drin, muss das Stück noch mal aufgenommen werden. Für Anfänger empfiehlt sich deshalb eine Manuskript- und Tonkontrolle VOR der Aufnahme. Eine Hörkontrolle hinterher gibt es dann natürlich trotzdem. Dabei wird überprüft, ob der Beitrag korrekt gesprochen und technisch fehlerfrei ist.

In einigen Sendern gibt es neben dem verantwortlichen Redakteur, der Beiträge inhaltlich abnimmt, einen Layouter. Er ist dafür zuständig, Beiträge akustisch in Form zu bringen. Manche Sender arbeiten z. B. mit bestimmten Geräuschen und Musikkennungen. Sie »verpacken« Beiträge. Oder sie arbeiten mit Effekten: Sie verlangsamen O-Töne, verfremden sie, wiederholen sie in anderer Form, unterlegen und montieren Musik. Beiträge werden auf diese Art zu Mini-Features mit einem eigenen Sound-Design. Das bekommen sie vom Layouter. Meist ist dieses Sound-Design eine aufwändige Sache, die sich Sender nur für Vorzeigestücke leisten. Anfänger werden damit deshalb nur wenig zu tun haben. Doch wer als Praktikant oder Hospitant in einem Sender mit Layouter arbeitet, sollte sich diesen Arbeitsschritt unbedingt zeigen lassen.

Schritt für Schritt zum ersten Beitrag:

Erst überlegen ...

- Was genau ist das Thema des Beitrags? Was wäre seine Überschrift?
- Muss ich mich erst noch schlau machen? Bei wem?
- Was soll der Hörer erfahren?
- Welche Gesprächspartner wären hilfreich? Wo könnte ich die finden?

... dann vorbereiten

- Telefonieren. Fragen. Eckdaten klären: Wer macht was, wann, wo und warum?
- Muss ich das Thema noch mal umdenken? Ergibt sich ein Thema, das noch interessanter ist, als mein ursprünglich gedachtes?
- Bietet das Thema Momente, in denen etwas passiert? Kann ich als Radioreporter etwas miterleben, was lebendige O-Töne verspricht?
- Wer wäre bereit, vors Mikrofon zu gehen?
- Klingt der Gesprächspartner radiotauglich?
- Wann kann die Aufnahme stattfinden?

... dann O-Töne sammeln

- Vor der Abfahrt Aufnahmegerät testen: Funktioniert es? Akku voll? Kabel dabei? Mikro an Bord?
- Vor Ort erst noch mal Fakten abfragen. Dem Gesprächspartner Sicherheit geben. Ihn »aufwärmen«.

Checkliste

- Keinen Fragenkatalog abarbeiten. Kein reines Interview. Besser Begleiter sein. Fragen beiläufig stellen.
- Aufmerksam zuhören: Waren wichtige Antworten nicht vollständig? Fehlerhaft? Unschön? Dann: Noch mal fragen.
- Geräusche und/oder Atmo aufnehmen, wenn nötig und möglich.

... dann O-Töne schneiden
Siehe Checkliste Kapitel 3.

... dann O-Töne auswählen und sortieren
- Nur solche, die technisch einwandfrei, verständlich und Hinhörer sind.
- Selbst Hörer sein: Interessiert mich der O-Ton? Langweilt er mich? Höre ich gerne zu? Wenn nicht, eher auf den O-Ton verzichten.

... dann Zwischentexte schreiben
- Einfache Sätze. Einfache Wörter. Alltagstauglich schreiben. Wie erzählt.
- Keine Doppelungen: Was im O-Ton gesagt wird, muss nicht in den Text und umgekehrt.
- Nicht immer jemanden etwas »sagen« und »meinen« lassen. Kreativ an- und abtexten.

... dann abnehmen lassen und aufnehmen
Siehe Kapitel 5.

5 »Nimm das mal auf!« – Wie man den eigenen Text gut rüberbringt

Endlich ran ans Mikro. Mit eigener Stimme. »Ich komme ins Radio«. Der Traum eines jeden Hörfunkpraktikanten. In vielen Sendern wird er erfüllt. Fast jeder Anfänger darf sich zumindest mal versuchen am Mikrofon. Meist schon als Sprecher einer selbst verfassten Nachrichtenminute. Spätestens aber, wenn man den ersten gebauten Beitrag macht. Und dann das: Man sitzt mit seinem Manuskript vor dem Mikrofon und kriegt keinen vernünftigen Ton heraus. Stattdessen: Herzklopfen und Atemnot. Versprecher und Verhaspler.

Hauptproblem für Anfänger ist die ungewohnte Situation, in der man beim Radio sprechen soll: In einem schallgedämpften Raum, umgeben von Bildschirmen und Knöpfen, die man selbst bedienen soll. Oder »belauscht« von einer Technikerin, die hinter einer Glasscheibe sitzt und die Aufnahme macht. Da fällt es nicht leicht, einen Text korrekt über die Lippen zu bringen. Deshalb an dieser Stelle ein paar Worte darüber, wie Texte beim Hörfunk aufgenommen und Beiträge produziert werden.

Wie läuft eine Hörfunkaufnahme ab?

Das Produzieren eines Radiobeitrags ist mehr als nur die Sprachaufnahme. Denn gemeint ist die Produktion des kompletten Beitrags inklusive Zuspielern, sofern welche vorgesehen sind, also O-Töne, Musik, Atmos und Geräusche. Der Weg dahin ist nicht bei allen Sendern gleich. In vielen, vor allem

kleineren Redaktionen machen Reporter die komplette Produktion selbst, meist in einem eigenen Studio mit Mikrofon
und Mischpult. Der Reporter spricht seinen Beitrag dann
nicht nur, er »fährt« und »mischt« ihn selbst, muss also selbst
die Knöpfe bedienen und seine vorbereiteten O-Töne »zuspie-
len« – für einen Anfänger eine schwierige Aufgabe, für die er
unbedingt Einweisung und Übung braucht. Denn den eigenen
Text gut zu sprechen, die O-Töne zur richtigen Zeit abzufah-
ren, den nächsten eigenen Einsatz optimal zu erwischen und
dabei den richtigen Abstand zum Mikrofon zu wahren, das ist
echtes Multitasking. Leichter wird es, wenn Reportertext und
O-Töne nachträglich zusammengebastelt werden. Das funktioniert dann so ähnlich wie beim Schnitt einer Umfrage: Der
eigene Text und die Zuspieler werden am Rechner montiert.
Nicht selten muss man dafür auch Blendtechniken beherrschen. Am angenehmsten für Radioanfänger ist die Produktion
nach alter – und in großen Häusern immer noch üblicher –
Methode: mit Techniker. Der Reporter (und Sprecher) sitzt
dabei in einer abgetrennten Kabine mit Mikrofon, während
ein Techniker »draußen« – hinter einer Glaswand – die Knöpfe
und Regler bedient. Damit startet er die Zuspieler. Er tut das
entweder auf Handzeichen des Reporters in der Sprecherkabine oder aber nach den Angaben im Manuskript, das ihm als
Kopie vorliegt. Für Anfänger empfiehlt sich Letzteres. Dann
kann man sich bei der Aufnahme ganz auf seinen Text konzentrieren. Nur das Rotlicht (meist direkt neben dem Mikro
oder als kleines Lämpchen auf dem Tisch) muss man im Blick
behalten. Es zeigt an, wann man als Sprecher an der Reihe ist.
Es leuchtet, sobald der Techniker das Mikrofon öffnet und der
nächste Textteil aufgenommen werden kann.

Doch egal ob mit oder ohne Techniker: Ein großes Problem
für viele Radioanfänger ist das Arbeiten mit dem Kopfhörer.
Denn sich selbst sprechen zu hören, ist den meisten, die es

nicht gewohnt sind, ein Graus. Sie glauben, quiekiger und heller zu klingen als normalerweise. Und tatsächlich: Wir selbst hören unser Stimme anders als andere. Schuld ist unser Schädel. Der schwingt beim Sprechen mit und macht den Klang der eigenen Stimme für uns selbst satter. Das Ergebnis: Kaum einer mag seine eigene Stimme, wenn er sie zum ersten Mal über Kopfhörer hört – ganz einfach, weil die so klingt wie ANDERE sie hören, also unvertraut. Für den Anfänger heißt das: Er muss sich an die eigene »Quäke« gewöhnen. Denn am Kopfhörer führt kaum ein Weg vorbei. Man braucht ihn zur Kontrolle: Klingt meine Stimme so voll wie sie soll? Ist die Stimme laut genug im Verhältnis zum Hintergrundgeräusch? Schon allein wegen der Zuspieler ist der Kopfhörer in der Produktion unverzichtbar.

Tipp

Wer mit der eigenen Stimme im Kopfhörer überhaupt nicht klarkommt, kann den Kopfhörer schräg aufzusetzen und ein Ohr frei lassen. Man hört sich dann »normaler« und hat doch ein »Kontroll-Ohr«.

Als Anfänger sollte man vor der ersten eigenen Aufnahme einmal gesehen und gehört haben, wie ein Beitrag gesprochen, aufgenommen und gefahren wird. Denn wer weiß, wie eine Produktion abläuft, geht gelassener in die Premiere. Und Gelassenheit ist eine wichtige Voraussetzung fürs gute Sprechen. Stress, Hektik und Nervosität dagegen sind Gift am Mikrofon. Man kann sie später im Radio meist hören und spüren – ebenso wie Unsicherheit und mangelnde Vorbereitung.

Worauf muss man als »Sprechanfänger« besonders achten?

Tipp

Nie mit dem frisch ausgedruckten Manuskript direkt in die Aufnahme stolpern. Immer erst sorgfältig und laut Probe lesen. Wissen, was man geschrieben hat und sagen will.

Dieser letzte Test entlarvt sprachliche und logische Fehler im Manuskript. Man kommt Stolpersteinen und Zungenbrechern auf die Schliche, über die man am Bildschirm still und leise hinweggegangen ist. Möglicherweise fällt auf, dass sich ein (Fremd-)Wort ins Manuskript gemogelt hat, von dem man gar nicht so genau weiß, wie man es richtig ausspricht. Außerdem hilft das laute Lesen vor der Aufnahme, sich noch mal mit dem eigenen Text vertraut zu machen – so vertraut im Idealfall, dass das Lesen in der Sprecherkabine gar kein Lesen mehr im eigentlichen Sinn ist, sondern ein echtes Sprechen.

Merke

Ein Radiobeitrag muss klingen wie erzählt. Er richtet sich immer an einen einzelnen Hörer, nicht an die Hörer in ihrer Gesamtheit. Sein Tonfall erinnert an das Gespräch mit einem Freund, nicht an die Rede vor großem Publikum.

Deshalb: Vor der Aufnahme Luft ablassen. Locker bleiben. Eine möglichst normale Stimmlage bewahren. Im Grunde soll man vor dem Mikrofon nicht anders sprechen als von Angesicht zu Angesicht.

Es gibt ein paar Fehler, die macht jeder Anfänger. Dabei sind sie einfach zu vermeiden.

Fehler Nummer 1: noch mal tief Luft holen vor der Aufnahme

Es ist zwar richtig, dass man als Radiosprecher Luft braucht – gerade für längere Sätze. Doch wer vor dem ersten Satz einatmet wie ein Tiefseetaucher und die Lungen bis in die Spitzen mit Luft vollpumpt, bekommt erstens viel Druck auf die Stimme, wird also tendenziell zu laut und schreiend klingen. Zweitens lässt sich übermäßig viel Luft in der Lunge nur schwer kontrollieren. Sie will nämlich bald wieder nach draußen. Meist am Stück. Und neue Luft will rein. Am Ende sitzt man nach Luft schnappend vor dem Mikrofon und klingt, wie ein Spitzensportler nach einem Weltrekordversuch.

Merke Um gut sprechen zu können, muss man ruhig und gleichmäßig atmen. Und zwar ins Zwerchfell – nicht so sehr in die Lunge. Beim Einatmen sollen sich also nicht die Schultern, sondern es soll sich die Bauchdecke heben.

Wer sich darunter nichts vorstellen kann, sollte mal abends im Bett vor dem Einschlafen auf seine Atmung achten. Da atmen wir ganz automatisch in den Bauch, nicht in die Lunge.

Fehler Nummer 2: Satz für Satz und von Punkt zu Punkt lesen

In der Schule lernen wir: Ein Satz ist ein Satz und der endet mit dem Punkt. Dort geht die Stimme nach unten. Dann sollen wir neu ansetzen, die Stimme wieder heben und oben halten bis zum nächsten Punkt. Doch fürs Radio ist das grundverkehrt. Denn es führt dazu, dass alle Sätze dieselbe Melodie bekommen – unabhängig davon, WAS wir eigentlich sagen. Das klingt langweilig, macht das Zuhören schwer und entspricht nicht der Art, wie wir normalerweise sprechen. Im Alltag nämlich interessieren uns Punkte und andere Satzzeichen kaum. Vielmehr heben wir die Stimme, wenn wir etwas betonen. Wir senken die Stimme, wenn wir weniger Wichtiges sagen. Auf diese Art signalisieren wir unserem Zuhörer, wo das Entscheidende im Satz kommt – ganz egal, wo der Satz zu Ende ist. Wer das nicht glaubt, möge mal Gespräche beim Mittagessen aufnehmen und dann abschreiben. Punkte sind da allenfalls als kleine Pausen zu hören. Und jeder Satz hat eine eigene Melodie, die keineswegs immer vorne ansteigt und sich beim Punkt senkt.

> **Merke**
>
> Die Betonung beim Lesen folgt dem Inhalt, nicht den Satzzeichen des Textes. Meist gibt es pro Satz EIN Wort, das die wichtigste Information trägt. Das sollte am stärksten betont werden.

Dass wir beim Vorlesen oft »Bögen« machen, ist nur eine Notlösung, wenn man nicht so genau weiß, wie der Satz weitergeht. Wir hangeln uns also durch und sind froh am Ende »auf den Punkt zu kommen«. Erst recht, wenn die Sätze kompliziert formuliert sind – eben geschriebenes und nicht gesprochenes Deutsch. Insofern ist das korrekte Sprechen immer eine Frage des passenden Schreibens. Dennoch: (Fast) Jedes Manuskript kann man gut sprechen, indem man sich von den Punkten und Kommata löst und sich stattdessen klarmacht, WAS der Text – und damit ich als Reporter – sagen will.

Aber vorsicht: Auch wer zu viel betont und den Text in einen Singsang verwandelt, macht es dem Zuhörer schwer dabeizubleiben. Ganz allgemein wird man als Anfänger viel experimentieren müssen und dabei herausfinden: Die meisten Wörter, Sätze, Texte kann man auf ganz verschiedene Arten betonen oder lesen – je nachdem, was beim Hörer ankommen soll. Entscheidend ist, dass der Reporter selbst weiß, was er zum Ausdruck bringen will. Auch deshalb sind Textkontrolle und -vorbereitung vor der Aufnahme so wichtig.

>
> **Tipp**
> Das Manuskript vor der Aufnahme durcharbeiten und mit Sprechzeichen versehen: Wo soll was wie betont werden, wo die Stimme rauf, wo runter gehen? Was ist jeweils die wichtigste Information des Satzes? Beispiele für Sprechzeichen unter: www.radio-machen.de.

Fehler Nummer 3: immer schön gleichmäßig und langsam lesen

Bitte nicht. Denn auch das entspricht nicht der Art, wie wir im Alltag sprechen. Da werden wir schneller, wenn eine Geschichte Fahrt aufnimmt, wir werden langsamer, wenn Kompliziertes zu erklären ist. Wir machen eine Pause vor der großen Überraschung oder gehen schnell über eine Nebensache hinweg. Ähnlich wie die Betonung macht dieses »Mal-schnell-mal-langsam« dem Hörer klar: Jetzt wird's spannend. Jetzt wird's interessant. Oder: Das ist nur eine Wiederholung. Das habe ich schon mal gehört.

Tipp

Keine Angst vor Pausen!

Pausen gliedern einen Text für den Zuhörer und – mindestens genauso wichtig – geben dem Sprecher Gelegenheit zum Atmen. Denn nichts ist schlimmer als ein atemloser Sprecher, der mitten im Satz nach Luft schnappt.

Merke

- Radiosprecher atmen nicht, wenn sie Luft brauchen, sondern wenn es der Text möglich und/oder nötig macht. Atempausen gliedern das Gesprochene.
- Ein gesprochener Text lebt von der Abwechslung. Wer immer gleich schnell und im selben Tonfall spricht, klingt schnell langweilig und macht das Zuhören unnötig anstrengend.

Fehler Nummer 4: todernst sein

Es ist richtig, dass ein Radioreporter glaubwürdig und seriös klingen muss, aber er soll kein Trauerkloß sein. Der Hörer soll vielmehr bemerken, dass da einer was zu sagen hat. Dass er etwas erzählen will und Freude daran hat. »Präsenz« nennen Sprechprofis das oder: »die richtige Sprechhaltung haben«. Das bedeutet:

Tipp

Den Text nicht einfach mit ungerührter Miene vortragen, sondern mit Herz und Seele dabei sein. Mitdenken und sich bewusst sein, WAS man gerade erzählt. Spannung in den Text legen. Dabei hilft ein leichtes Lächeln auf den Lippen.

Dieses Lächeln gibt der Stimme meist etwas, das nach »Lust am Erzählen« klingt und deshalb »Lust aufs Zuhören« macht. Um das beim Hörer zu erreichen, gestikulieren viele Radiomacher beim Sprechen ihres Manuskripts im Studio sogar mit. Sie leben ihren Text und erzählen ihn mit allem Drum und Dran. So, wie sie es auch machen würden, wenn sie die Geschichte einem Freund erzählen. Zugegeben: Dabei das richtige Maß zu finden, ist nicht leicht. Eine überengagierte Stimme mit Dauergrinsen im Ton ist mindestens so nervtötend wie der ungerührte Miesepeter mit hängenden Mundwinkeln. Dennoch gilt: Einer freundlichen Stimme hört man lieber zu als einer traurigen. Selbst wenn es um traurige Dinge geht. Wie viel Lächeln ein Text verträgt, ist vom jeweiligen Inhalt abhängig, und richtig zuverlässig trifft man das richtige Maß erst mit Erfahrung.

Apropos Erfahrung: Die meisten Radioreporter bekommen erst mit der Zeit »eine gute Spreche«. Denn vieles am gekonnten Präsentieren vor dem Mikrofon ist Übungssache. Nur wenige sind Naturtalente. Und fast immer hört man seine ersten Sprechversuche im Radio später mit Grausen und/oder Schmunzeln. Deshalb: Keine Panik, wenn es am Anfang nicht klappt oder die Redaktion nach einem ersten Versuch entscheidet, die Beiträge von jemand anderem sprechen zu lassen. Das heißt nicht automatisch, dass man fürs Radio ungeeignet ist. Es heißt höchstens, dass da was zu verbessern ist. Und gutes Sprechen im Radio kann man lernen. Stichwort: Sprecherziehung. Die wirkt bei Anfängern Wunder. Denn Sprecherzieher vermitteln in praktischen Übungen die Grundregeln des Sprechens. Sie stellen passende Übungen zusammen, die helfen, die eigenen Schwächen zu überwinden. Wer diese Übungen ernst nimmt, hört oft nach kurzer Zeit Verbesserungen. Will heißen: Das Geld für ein paar Stunden Sprecherziehung lohnt sich. Wichtig ist aber, sich einen radiokundigen Sprecherzieher zu suchen, also jemanden, der das

Sprechen fürs Mikrofon lehrt und nicht einen Theaterlehrer. Beim Sprechen auf der Bühne ist nämlich ganz anderes gefragt als im Hörfunk.

Was tun, wenn man bei der Aufnahme Fehler macht?

Fehler bei der Sprachaufnahme kommen vor: Versprecher, Verhaspler, Vernuschler, Verdreher. Selbst »alte Hasen« kriegen nicht jeden Text gleich beim ersten Mal fehlerfrei über die Lippen. Im Unterschied zu den »jungen Hasen« aber machen Sie sich nichts draus.

Merke

Profis setzen nach einem Sprechfehler neu an: Sie gehen ein paar Sätze zurück im Text und lesen noch mal. Möglichst im gleichen Tonfall. Möglichst mit derselben Sprachmelodie. Möglichst mit denselben Pausen.

Die erste und – hoffentlich dann fehlerfreie – zweite Aufnahme werden später zusammengebastelt, der Fehler herausgeschnitten. Fertig.

Zugegeben: Ein Sprechfehler kommt selten allein. Hat man einen gemacht, macht man oft weitere. Nicht selten verhaspelt man sich an genau derselben Stelle wieder. Das macht nervös. Als Anfänger schämt man sich vielleicht sogar, wenn jenseits der Glasscheibe ein Techniker alles mitbekommt. Doch Ziel einer Aufnahme ist nicht der fehlerfreie Vortrag am Stück, sondern eine Aufnahme, die am Ende gut klingt. Ein zweiter und dritter Versuch lohnt deshalb immer. Nicht nur nach einem hörbaren Sprechfehler, sondern auch, wenn die Betonung nicht hundertprozentig saß und ein Satz zwar gut klang, aber eben besser klingen könnte. Scheu vor weiteren Versuchen ist fehl am Platz.

Wie lange dauert so eine Aufnahme?

Wie lange man im Studio sitzt, bis eine Aufnahme im Kasten ist, hängt vom Beitrag, vom Sprecher, vom Techniker und deren Tagesform ab. Da, wo viel zu blenden und mischen ist, wird es naturgemäß mehrere Anläufe brauchen. In jedem Fall aber dauert die Aufnahme länger als das Stück später. Denn selbst wer in einem Rutsch durchkommt, braucht vor der Aufnahme einen Mikrofoncheck und nach der Aufnahme ein Fein-Tuning. Für einen Zweieinhalb-Minuten-Beitrag wird man deshalb mindestens zehn Minuten brauchen. Und komplizierte Stücke dieser Länge dauern auch mal länger als eine halbe Stunde – selbst bei Profis. Begrenzt wird die Aufnahme allerdings meist durch die vorgegebene Produktions- und Schnittzeit. Denn in vielen Sendern arbeiten die Studios nach festen Tagesplänen. Das heißt: Jeder Sendung sind feste Zeiten zugewiesen. Vor allem in großen Sendern werden die von einer »Dispo« verwaltet. Nur wer angemeldet ist, kommt ins Studio. Ohne Produktionsnummer geht gar nichts. Für Anfänger ist das ein oft undurchschaubares Prozedere, das man sich besser rechtzeitig erklären lässt. Doch selbst bei kleinen Sendern ist Studiozeit oft knapp. Wer die blockiert, nur weil er bei der Aufnahme noch Fehler im Manuskript feststellt und die jetzt verbessern will, zieht sich schnell den Ärger der Kollegen zu. Auch deshalb gilt: vorbereitet und organisiert in die Aufnahme gehen.

Am Ende der Aufnahme, wenn alle Sprechfehler und möglichen Lücken entfernt sind, steht übrigens erneut die Kontrolle des kompletten Beitrags. Also: Alles noch einmal anhören. Und zwar im normalen Tempo. Nicht im Schnelldurchlauf. Sondern so, wie es später auf Sendung geht. Nur so kann man fehlerhafte Höreindrücke, Miss- oder Unverständliches erkennen und am Ende mit einem erleichterten »Geschafft!« den nächsten Beitrag in Angriff nehmen.

So gelingt die Sprachaufnahme

Sich vor dem Gang ins Studio fragen:
- Ist das Manuskript sprachlich und logisch fehlerfrei?
- Ist die Aussprache aller Wörter klar?
- Weiß ich, was ich sagen will?
- Bin ich mit dem Text vertraut und »eingelesen«?
- Brauche ich Sprechzeichen im Manuskript?
- Habe ich eine Kopie für den Techniker dabei?

Im Studio:
- Ruhig atmen.
- Nicht immer auf Punkt lesen.
- Mut zur Pause haben.
- Mut zum Tempowechsel haben.
- Mit Herz und Seele dabei sein – lächeln (nicht grinsen) beim Sprechen
- Bei Versprechern neu ansetzen.

Checkliste

Wer noch gar keine Erfahrung mit dem Sprechen am Mikrofon hat, sollte vor dem ersten Einsatz seine eigene Stimme kennenlernen. Dazu liest man am besten einen kurzen Text auf viele verschiedene Arten laut vor: Flüsternd, schreiend, schnell, langsam, fröhlich, traurig, hoch, tief. So findet man heraus, was die eigene Stimme und die eigenen Sprechwerkzeuge alles können. Mehr Übungen unter www.radio-machen.de.

6 »Und jetzt mal ganz anders!« – Was außer gebauten Beiträgen möglich ist

So. Erster Beitrag fertig. Premiere geschafft. Alles gelernt. Glaubt man. Aber im Radio ist viel möglich und fast alles erlaubt. Neben dem gebauten Beitrag gibt es viele Darstellungsformen: Collagen zum Beispiel oder Kollegengespräche. Die einen kommen ohne Reportertext, die anderen ohne O-Töne aus. Und Mischformen aus beidem gibt es in allen Varianten.

Die Collage

Collagen sind aneinandergereihte O-Töne, die auf zusätzliche Erklärungen des Reporters verzichten. Sie eignen sich besonders für Themen, in denen viel Leben steckt: Geräusche, Atmosphäre, Gefühle. Sie sind kleine Hörspiele ohne Erzähler und machen die Zuhörer zu beiläufigen Lauschern einer Situation. Eine Collage zum Glockenspielwettbewerb könnte also einfach hörbar machen, wie sich die Jury vor Publikum die Stücke zur Bewertung vornimmt und zwischendurch erklärt, was sie da macht:

O-TON Umfrage unter Zuschauern: »Ja wir sind heut' extra wegen unserem Enkel da. Der hat was komponiert. Und wir haben's noch gar nicht gehört.« »Meine Tochter Anna hat zusammen mit einer Freundin ein Stück geschrieben. Jetzt sind wir mal gespannt. Ist ja schon 'ne tolle Sache, so ein öffentlicher Wettbewerb für unser Glockenspiel.«

GERÄUSCH: Handglocke klingelt.

O-TON Juror: »So. Wir würden beginnen. Wenn ich Sie um Ruhe bitten dürfte. Stück Nummer eins: Wassertropfen von Nico Bauer, 16 Jahre alt. Nico, bist du bereit?« »Ja.« »Dann legen wir mal los.«

GERÄUSCHE/MUSIK: Glockenspiel beginnt.

O-TON (über die Musik): »Ja das klingt wirklich nach Wassertropfen. Das perlt.«

GERÄUSCHE: Ein Kugelschreiber klickt, Papier raschelt.

O-TON Juror: »Das klingt sehr gut. Sehr gekonnt. Diese spritzige Melodie mit den hohen Tönen … Prima … Ich muss mir jetzt natürlich Notizen machen. Wir haben ja über hundert Stücke zu bewerten. Da verliert man sonst den Überblick.«

O-TON Nico: »Boah. Ich hab' ganz nass geschwitzte Hände. Man hofft ja immer, was zu erkennen in den Gesichtern, aber … ich weiß nicht … abwarten.«

O-TON Juror: »Ja das wird schwierig. Und vor allem: Einige der Komponisten kenn' ich ja. Die unterrichte ich an der Musikschule hier in Musterstadt. Und ich bin natürlich furchtbar stolz, dass da so viele mitmachen. Also das wird schon eine schwierige Entscheidung.«

MUSIK: Ende des 1. Glockenspielstücks, Applaus.

O-TON Juror: »Dann hören wir jetzt: Auf dem Marktplatz von Anna Hinderer, 16 Jahre.«

MUSIK: Glockenspiel, am Anfang laut, dann ausgeblendet.

O-TON Juror: »Sonnenuntergang. Lea Scholz, 11 Jahre.«

MUSIK: Glockenspiel, am Anfang laut, dann ausgeblendet.

O-TON Juror (über Musik): »Die Qualität ist schon überraschend. Und die Stücke sind richtig abwechslungsreich.«

O-TON Umfrage unter Komponisten/Zuschauern: »Also wir haben uns im Musikunterricht von unserem Lehrer helfen lassen. Wir haben da so ein Stück von

Beispiel

Mozart angehört und das dann abgewandelt.« »Also ich hab's zuerst auf der Gitarre gespielt. Da mach' ich auch sonst gern so ein wenig rum. Hat Spaß gemacht.« »Dass die jungen Leute so viele tolle Stücke hinkriegen, hätt' ich nicht gedacht.«

O-TON Juror: »Na, der Gewinner wird sein Stück künftig öfter hören. Das soll dann nämlich regelmäßig hier auf dem Rathaus in Musterstadt gespielt werden. Und hundert Euro gibt's obendrauf.«

MUSIK: Glockenspiel.

O-TON Juror über Musik: »Ja also vor acht Uhr heute Abend werden wir wohl nicht fertig sein. Und dann müssen wir uns noch mal beraten. Also ich geh' mal davon aus: Die Siegerehrung ist so gegen neun.«

MUSIK: Ende Glockenspielstück, Applaus.

Aus dem Beispiel wird klar: In einer Collage gibt es keine Möglichkeit, die einzelnen Personen vorzustellen. Das müssen sie entweder selbst machen oder es ergibt sich aus der Art der Aufnahme und dem, was gesagt wird. Oft spielt es gar keine Rolle, wer gerade spricht. Wer ein Ereignis als Collage verarbeiten will, sollte aber sicherheitshalber von allen Gesprächspartnern eine Selbstvorstellung aufnehmen: »Ich heiße Alfred Mustermann, bin Musikschullehrer und heute als Juror beim Glockenspielwettbewerb.« In unserem Beispiel könnte es auch genügen, den wichtigsten Sprecher in der Anmoderation vorzustellen. Überhaupt ist die Anmoderation bei Collagen besonders wichtig. Da der Reporter fehlende Fakten nicht im Text ergänzen kann, muss dem Hörer die Szene vorab erklärt werden.

Generell gilt: Collagen, die ein Ereignis einfangen sollen, sind schwieriger als Porträt-Collagen. Denn ein Ereignis hat eine zeitliche Abfolge. Die muss man in der Collage irgendwie abbilden. Man braucht zu jedem Schritt einen O-Ton, der sich selbst erklärt. Fehlt einer, wird der Hörer später nicht verstehen, was da gerade passiert ist. Solche Collagen verlangen viel Aufmerksamkeit vor Ort und beim Schnitt. Und selbst dann gelingt es nicht immer, die einzelnen Aussagen so aneinanderzufügen, dass sie für den Hörer einen Sinn ergeben. Porträts über einzelne Personen oder Gruppen sind da freier in der Anordnung der O-Töne. Sie erlauben viele Spielereien. Gerade in jungen Sendern sind collagierte O-Ton-Porträts deshalb sehr beliebt. Nicht selten werden sie sehr aufwändig mit Layoutern produziert. Es wird mit Musik und Effekten gespielt. Das Ergebnis wirkt oft viel intensiver als der gebaute Beitrag.

Beispiel

Bei einer Collage muss die Anmoderation vorab die komplette Situation erklären:
»Herzklopfen in Musterstadt heute Vormittag. Wer hat das schönste neue Stück geschrieben für das Glockenspiel auf dem Rathaus? Diese Frage wird heute geklärt. Das Finale im Glockenspielwettbewerb steigt. Über hundert Schüler haben ihre Kompositionen eingereicht. Jetzt wird öffentlich geurteilt – beim großen Vorspiel auf dem Marktplatz. Mit dabei als Juror: Alfred Mustermann, der Musikschulleiter der Stadt, und natürlich neugieriges Publikum«. [Dann folgt die Collage, die mit einer Umfrage unter Zuschauern beginnt.]

Die »Live on tape«-Reportage

Noch mal: Collagen scheitern im Radio oft daran, dass die gesammelten Antworten und O-Töne ohne die einordnenden Fragen des Reporters keinen Sinn mehr ergeben. Also warum nicht die Fragen, Beschreibungen und Kommentare, die der Reporter vor Ort aufgenommen hat, mit auf Sendung nehmen? Möglich ist das. Und eventuell wäre das ein Schritt hin zu einer »Live on tape«-Reportage. Das heißt: Der Reporter nimmt alles vor Ort auf – auch seine Beschreibungen und Einleitungen vor den jeweiligen Fragen, seine Erklärungen und Zwischentexte – ebenso die Hintergrundgeräusche. Idealerweise macht man das als Reportage am Stück. Gelegentlich wird noch nachträglich geschnitten. Vor allem dann, wenn der Reporter viele Gesprächspartner zu Wort kommen lassen will oder ein Ereignis begleitet, das im Original viel länger dauert als die »Zweidreißig«, die später auf Sendung gehen. Entscheidend ist: Hier wird vor Ort unter Live-Bedingungen gearbeitet, und der Hörer soll die entscheidenden Momente später eins zu eins miterleben. Gerade deshalb sind solche Stücke nicht unumstritten. Kritiker halten sie für fragwürdig, weil sie dem Hörer eine Live-Situation vorgaukeln, die so zum Zeitpunkt der Ausstrahlung nicht mehr gegeben ist. Dieser Vorwurf trifft allerdings nur dann, wenn »Live-on-Tape«-Reportagen explizit als »live« anmoderiert werden. Und das ist gar nicht nötig. Werden sie wie Beiträge angekündigt dürfte dem Hörer klar sein, dass hier die Highlights des Ereignisses und persönlichen Erlebnisse der Reporterin nachträglich collagiert wurden.

Großes Bootsrennen heute Nachmittag auf dem Neckar.
Simone Sprech ist für uns im Favoritenboot mitgepaddelt.

»Live on tape«-Reportagen kommen jedoch für Anfänger kaum infrage. Denn sie verlangen neben einer gründlichen Vorbereitung große Routine und Sicherheit am Mikrofon.

Die aufgemotzte Umfrage

Eine Umfrage lässt sich zu einer Collage ausbauen. Allerdings ersetzt die dann nicht einen gebauten Beitrag. Sie ist vielmehr ein Sammelsurium an Stimmen und Eindrücken, die durch Geräusche, Atmo oder Musik angereichert und verstärkt werden.

Beispiel

»Heute ist Weltlachtag. Was bringt Sie denn zum Lachen?« Diese Umfrage ließe sich wunderbar mit verschiedensten »Lachern« garnieren – quasi als Markierung zwischen den einzelnen Antworten (»Trenner«). Auch ein Musiktitel rund ums Lachen wäre vorstellbar. Teile daraus ließen sich zwischen die Antworten montieren.

Allerdings sollte man sich für EIN Musikstück entscheiden. Denn mehrere allzu verschiedene Melodien verwirren den Hörer oft und zersplittern eine Umfrage eher, als sie zusammen zu binden. Doch genau das soll die Musik leisten: Sie soll unterschiedliche Antworten unter EIN Motto stellen. Die Musikausschnitte wirken dann wie Überschriften. Üblicherweise werden dabei nur Musikstücke eingesetzt, die zur Musikfarbe des Senders passen. Es kann aber natürlich auch reizvoll sein, in einem Popsender einen alten Schlager zu collagieren. Entscheiden muss das der (Musik-)Redakteur, der den Auftrag gibt. Grundsätzlich gilt: Solche Geräusch-Musik-Stimmen-Collagen brauchen Gespür bei der Zusammenstellung. Nur allzu schnell nämlich nervt ein kurzes Musikmotto, das sich zu oft wiederholt, oder irritiert eines, das nur einmal vorkommt. Auch Geräusche sollten mit Bedacht eingesetzt werden.

Merke

- Musik in Beiträgen und Collagen sollte sehr dosiert eingesetzt werden. Ihr Einsatz ist nur dann sinnvoll, wenn die Musik eine erkennbare Funktion hat. Es sollte möglichst nicht über Gesang gesprochen werden.
- Viele Geräusche, die man vor Ort aufnimmt, klingen im Radio ganz anders als im wahren Leben. Manchmal sind sie schlicht nicht erkennbar und irritieren mehr als dass sie illustrieren.

Ein aus der Nähe aufgenommener Wasserfall z. B. klingt bisweilen eher nach Senderstörung als nach fließendem Wasser. Wird das Geräusch also ohne weitere Erklärung eingesetzt, kann den Hörer das verwirren. Manchmal helfen dann Geräusche aus der Konserve wie sie auch bei Filmen und im Theater zum Einsatz kommen. Es gibt sie auf CD und zum Teil auch kostenlos im Internet. Diese Konservengeräusche sollte man aber wirklich nur bei spielerischen und hörbar inszenierten Umfrage-Collagen einsetzen. Bei Collagen oder Beiträgen, die ein echtes Geschehen wiedergeben, verbieten sie sich dagegen. Denn sie inszenieren im Nachhinein eine Wirklichkeit, die so nicht gegeben war und gaukeln dem Hörer etwas vor, verstoßen also gegen das Gebot journalistischer Aufrichtigkeit. Deshalb: Auch wenn das Glockenspiel von der CD oder die applaudierende Menge aus der Audio-Datenbank schöner, satter, besser klingen als unsere eigenen Aufnahmen vom Glockenspielwettbewerb in Musterstadt: Finger weg. Solche Manipulationen setzen die journalistische Glaubwürdigkeit auf Spiel, auch weil ortskundige Hörer und Mitwirkende von vor Ort den Fake bemerken und dann irritierend finden würden.

Das Erzählstück oder der Aufsager

Manchmal geht es ganz ohne O-Töne im Radio. Mal angenommen, im morgendlichen Berufsverkehr ist auf einer viel befahrenen Pendlerstrecke ein Laster mit tiefgefrorenen Erbsen umgekippt. Dann wird man die ersten Infos darüber zunächst nur von der Polizei bekommen: Verletzt ist niemand, die Erbsen verursachen aber einen Stau, im Moment sind es vier Kilometer, und am Unfallort werden bereits »Erbsen gezählt« – ein Thema mit Gesprächswert also und in jedem Fall was fürs Radio. Blöd nur, dass bei der Polizei gerade niemand Zeit hat, vors Mikro zu gehen, nicht mal telefonisch, bzw. nur die Polizistin, von der wir wissen, dass sie sehr spröde und trocken spricht. Was also tun? Keine Frage: erzählen, was man als Reporter in Erfahrung gebracht hat. Zusammenschreiben, was man telefonisch recherchiert hat. Ein Erzählstück aufnehmen oder wie immer man das nennen mag. Denn einen einheitlichen Namen gibt es nicht dafür. Jede Redaktion pflegt ihre eigenen Fachbegriffe. Entscheidend aber ist: Ein paar Tonnen Erbsen, die einen Stau auf einer Bundesstraße verursachen, sind ein Thema fürs Radio. Und das darf nicht unter den Tisch fallen, nur weil es keine O-Töne dafür gibt. Vielmehr ist gerade das die Stärke des Radios: Es kann über alles reden. So wie Menschen über alles reden.

Merke

O-Töne sind typisch fürs Radio und eine echte Stärke. Zwingend aber sind sie nicht. Ein Reporter, der gut zusammenfassen, erzählen, einordnen kann, ist im Zweifelsfall mehr wert als wenig ansprechende O-Töne.

Das Kollegengespräch

Ebenfalls ohne O-Töne kommt das Kollegengespräch aus – ein Gespräch also zwischen Moderator und Reporter, in dem die wichtigsten Fragen zu einem Thema beantwortet werden. Man könnte auch sagen: Der Moderator interviewt seinen Reporterkollegen und lässt sich von ihm erklären, was er herausgefunden hat. Der umgekippte Erbsenlaster wäre ein klassisches Thema für ein Kollegengespräch. Denn gerade ungewöhnliche und unerwartete Ereignisse lassen sich am besten und schnellsten in einem Gespräch darstellen. Aber auch Gerichtsurteile und komplizierte politische Entscheidungen werden in vielen Sendern im Gespräch erörtert. Und gerade in jüngeren Sendern wird das Kollegengespräch immer populärer. Der Grund: Es ist locker und weniger streng in der Form. Es entspricht dem normalen Kommunikationsverhalten im Alltag und wirkt für die Hörer oft ansprechender als ein gebauter Beitrag. Zudem ist es billiger als die Beitragsproduktion. Auch das bringt viele Sender dazu, häufiger Gespräche zu senden. Dennoch verlangen gute Gespräche eine gewissenhafte Vorbereitung und dieselbe Recherche wie ein guter Beitrag. Manchmal vielleicht sogar noch mehr. Dann jedenfalls, wenn der Reporter wirklich Hintergründiges und Erklärendes liefern und auf jede Frage des Moderators vorbereitet sein soll. Die meisten Kollegengespräche sind allerdings vorher abgesprochen, die Fragen klar eingegrenzt. Meist schlägt sie der Reporter vor. Wäre ja auch zu blöde, wenn der Moderator lauter Dinge fragen würde, auf die der Reporter dann keine Antwort weiß. Im Umkehrschluss heißt das: Das gute Kollegengespräch lebt von den richtigen Fragen. Die zu finden, fällt oft schwer, obwohl es genau genommen ganz einfach ist.

- Die Fragen notieren, die man selbst zu Beginn der Recherche hat. Sie sind oft auch die richtigen Fragen fürs spätere Kollegengespräch.
- Bei der Absprache mit dem Moderator erst mal nur die Anmoderation liefern und abwarten, welche Fragen der Moderator stellen würde.
- Ruhig auch Fragen in Kauf nehmen, auf die man (noch) keine Antwort weiß. Es nützt nichts, sie im Kollegengespräch auszusparen, wenn der Hörer am Schluss das Gefühl haben könnte: »Da wurde ja das Wichtigste vergessen!« und »Mich hätte noch interessiert ...«

Tipps

Ein Kollegengespräch ist eine Art Stellvertreter-Gespräch: Der Moderator soll dem Reporter DIE Fragen stellen, die sich auch ein unwissender Hörer stellt.

Allerdings verliert man diese Fragen oft aus dem Blick, wenn man sie für sich selbst erst einmal beantwortet hat.

Für das Gespräch über den Erbsenlasterunfall liegen die Fragen auf der Hand (bzw. auf der Straße). Die Antworten würde sich die Reporterin vermutlich auf die Schnelle in Stichworten notieren.

Auf der B 40 vor Musterstadt hat sich heute Morgen um sechs ein Tiefkühllaster mit zehn Tonnen Erbsen quergelegt. Jetzt blockieren Erbsen und Laster schon seit Stunden die Straße. Hunderte Pendler stecken fest. Der Stau ist schon fünf Kilometer lang. Simone Sprech,

- was genau ist denn eigentlich passiert?

unklar/Polizei vermutet: Fahrer Sekundenschlaf/von der Straße abgekommen/vor Schreck gegengesteuert/Laster umgekippt/erstaunlich: niemand verletzt, aber: Erbsen in großen, tiefgefrorenen Blöcken auf der Straße/Laster beim Umkippen an der Leitplanke hängen geblieben/Riesenloch mittendrin/durchs Schleudern Erbsen schön über die Straße verteilt

- Jetzt also das große Aufräumen. Simone, was passiert denn mit den Erbsen?

nicht so einfach/hat versucht, die von der Straße zu räumen, mit dem Schneepflug/tatsächlich ein Erbsen-Eis-Gemisch/aber zehn Tonnen sind 'ne Menge/je nach Rezept: Erbseneintopf für 100.000 Leute/aber natürlich nicht mehr zu verwenden/bislang das meiste in den Straßengraben geschoben/von dort sollen die Erbsen in einen Tanklastwagen/der ist bestellt = Riesenstaubsauger/soll die Erbsen einsaugen/aber: Wagen ist noch nicht da/vermutlich erst in einer Stunde

- Das heißt also: Weiterhin Stau auf der B 40 vor Musterstadt?

ja, vermutlich noch mehrere Stunden, sagt die Polizei/bis dahin: Umleitung/Schilder werden gerade aufgestellt/leiten dann weit um Musterstadt rum

Der Erbsenunfall auf der B 40 vor Musterstadt. Noch ist der Unfalleintopf nicht weggeräumt. Danke, Simone Sprech, für die Infos. Wann es dort wieder läuft, erfahren Sie bei uns in den Verkehrsnachrichten.

Beispiel

Natürlich ließe sich so ein Gespräch mit O-Tönen kombinieren. Man könnte z. B. Antworten eines Polizeisprechers einbauen oder eines Anwohners, der den Unfall gesehen hat. Wer die O-Töne nicht im Gespräch einsetzen will, könnte sie dem Gespräch voranstellen. Der Moderator würde also mit einer Moderation und dem O-Ton in das Thema einleiten. Das Gespräch könnte die Hintergründe liefern.

Kurzum: Alles, was sich mit und aus Gesprochenem, Erzähltem, Aufgenommenem, Hörbaren machen und kombinieren lässt, ist möglich im Radio. Dass trotzdem nicht alle Darstellungsformen in allen Sendern und Sendungen genutzt werden, ist eine reine Stil- und Formatfrage. Es gibt nun mal Programme, in denen wäre das lockere Gespräch unter Kollegen zu leger. Andere Redaktionen finden Collagen zu wenig seriös. Und manche halten den traditionell gebauten Beitrag für verstaubt. Das wird einem als Anfänger in einer neuen Redaktion hoffentlich gesagt. Denn es ist wichtig, als Reporter seine Möglichkeiten zu kennen. Auch, weil es im Redaktionsalltag manchmal zwingend nötig ist, die Formen zu variieren. Angenommen, man wird als Reporter beauftragt, ein gebautes Stück über den Erbsenlasterunfall zu machen. Es sind aber partout keine O-Töne von Polizisten zu bekommen. Die Helfer vor Ort sind noch zu sehr im Stress und von den Anwohnern war nur ein einziger zu kriegen. Dann nützt es nichts, auf Biegen und Brechen einen gebauten Beitrag zu basteln. Vielmehr muss der Reporter dann mit der zuständigen Redakteurin beraten, was stattdessen möglich wäre. Vielleicht lässt sich die Geschichte besser im Kollegengespräch erzählen? Oder es reicht ein Text mit einem einzelnen O-Ton, den der Moderator präsentiert.

Merke

WAS gesagt werden kann, bestimmt, WIE es im Radio erzählt wird, also: Inhalt bestimmt Form, nicht umgekehrt.

7 »Live auf Sendung? Jetzt gleich?« – Wie man sich aufs »erste Mal« vorbereitet

Für Radioanfänger ist es höchstes Glück und höchste Aufregung zugleich: live auf Sendung gehen. Nicht in allen Redaktionen wird einem das in den ersten Monaten zugetraut. Doch gerade in kleinen Sendern werden Hospitanten und Volontäre früh vom radiojournalistischen Beckenrand geschubst: »Das machen wir gleich live«, heißt es dann und schwups! sitzt man im Studio, bei Rotlicht und »on air«, das Wasser bis zum Hals und bemüht nicht unterzugehen – für manche ein nervenaufreibender Härtetest. Aber ein Radiomacher muss sich nun mal auch live auf Sendung fühlen wie ein Fisch im Wasser. Und wer zu lange damit wartet, tut sich keinen Gefallen. Allerdings lässt sich »das erste Mal« durchaus schrittweise vorbereiten.

Schritt 1: mit der Nachrichtenminute live auf Sendung

Wer einige Nachrichtenminuten fehlerfrei aufgenommen hat, kann sich für seine nächste Minute ruhig mal um einen Live-Auftritt bewerben. Zugegebenermaßen werden viele Nachrichtenredakteure das mit hochgezogenen Augenbrauen quittieren: »Wie? Live in die Nachrichten? Das geht nicht.« Denn in der Tat sind Nachrichten im Radio oft sekundengenau getaktet. Unsichere Anfänger nimmt man nur ungern mit in dieses Zeitkorsett. Wo es aber möglich ist, bietet so eine live gelesene Nachrichtenminute eine gute Gelegenheit, das »Jetzt gilt's« zu spüren, das den Hörfunk ausmacht.

Tipp

Beim ersten Live-Auftritt am Mikrofon alle zusätzlichen Unsicherheitsfaktoren und Aufregungsquellen vermeiden: Rechtzeitig im Studio sein, ein ordentliches Manuskript bei der Hand haben, sich noch mal einlesen.

Selbst professionelle Nachrichtensprecher nehmen sich ein paar ruhige Minuten vor der Sendung. Mit einem zerknüllten, mit Korrekturen bekritzelten Blatt kurz vor Sendung ins Studio zu stolpern, ist also nicht cool, sondern unprofessionell.

Schritt 2: der live gebaute Beitrag

Auch gebaute Beiträge lassen sich für Live-Auftritte nutzen. Dann nämlich, wenn man eben live auf Sendung baut. Will heißen: Text und O-Töne werden live gesprochen und eingespielt. Sie gehen direkt »on air«. Allerdings sollte es für die Premiere nicht unbedingt ein Stück mit komplizierten O-Ton-Mischungen und aufwändigen Atmo-Einspielern sein. Das sind nur zusätzliche Fehlerquellen, die einen Anfänger aus der Bahn werfen könnten. Stattdessen: lieber ein einfaches Stück auswählen, das man in Ruhe vorbereiten und vor der Live-Sendung üben kann.

Schritt 3: Manuskripte frei sprechen, nicht lesen

Um das freie Sprechen zu üben, sollte man einen Beitrag mal ohne ausformuliertes Manuskript produzieren, also nur mit Stichworten. Das heißt: die Zwischentexte werden frei vorgetragen, die O-Töne passend zugespielt. Dazu muss man wissen, wie der Beitrag aufgebaut sein soll. Die Reihenfolge der O-Töne muss klar sein. Und die inhaltlichen Anschlüsse müssen stimmen. Die gedankliche Vorbereitung ist also dieselbe wie beim Verfassen eines »normalen« Manuskripts. Was wegfällt, ist einzig das Ausformulieren. Im späteren Radioalltag spart das bisweilen die entscheidenden Minuten, um gleich auf Sendung gehen zu können. Für den Radioanfänger ist es vor allem eine Übung, sich an das freie Sprechen am Mikrofon zu gewöhnen. Motto: »Weg vom Lesen!« – am besten erst mal ohne Zeitdruck und einfach bei der Aufnahme des nächsten Beitrags. Mit Netz und doppeltem Boden quasi. Die Aufzeichnung läuft mit, um später zu hören, wo man Schwierigkeiten hatte. Die Ergebnisse werden anfangs vermutlich unbeholfen klingen. Es dauert einfach eine Weile, bis man ein »Freisprecher« wird. Notfalls muss man sich Schritt für Schritt rantasten und verschiedene Stichwortmethoden ausprobieren.

- Als Stichworte nicht nur Substantive, sondern auch Verben notieren. Meist fehlt es beim freien Sprechen an aussagekräftigen Verben. Die aber machen Texte erst lebendig. Wer sich immer von Substantiv zu Substantiv hangelt, klingt schnell wie ein Behördensprecher.
- Satzenden notieren. Vor allem die vor den O-Tönen. Wenn wir wissen, wo wir hin wollen, spricht es sich leichter und die Anschlüsse zu den O-Tönen stimmen.
- Wer sich schwertut mit Stichworten, kann es mit ausformulierten Texten versuchen, in denen er die wichtigsten Stellen markiert. Die Passagen dazwischen kann er dann frei variieren.

So oder so gilt: Jede Übungsmöglichkeit nutzen und immer wieder mal so tun »als ob.«

Tipps

Schritt 4: Live-on-Tape-Reportage und Als-ob-Aufsager

Jeder Reportereinsatz lässt sich zu einer Live-Übung umfunktionieren. Zum Beispiel, indem man versucht, eine Reportage vor Ort am Stück aufzunehmen, »live on tape« eben. Auch beim Salamibrot zum Feierabend lässt sich so tun, als ob man eine einminütige Zusammenfassung des Tages für die Nachrichten absetzen müsste. Zugegeben: Die nervenkitzlige Anspannung einer Live-Einblendung lässt sich nur schwer simulieren. Dennoch trainieren solche Übungen das spontane Reportieren und Berichten und helfen, ein Zeitgefühl zu entwickeln: Wie lange ist eine Minute? Was kann man in der alles sagen? Und wie schnell sind »Zweidreißig« durch, wenn man frei »von der Leber weg« erzählt?

Schritt 5: Live-Reportagen übers Internet

Wer es live und in Echtzeit probieren will, kann gegebenenfalls mit einem eigenen Internetkanal auf Sendung gehen. Denn übers Netz einen Webstream einzurichten, verlangt zwar ein wenig Hingabe, ist aber weniger geheimnisvoll als man denkt. Natürlich wird man im Zweifelsfall nicht viele Hörer haben. Das Gefühl, jetzt live auf Sendung zu sein, ist dennoch da und bereitet ideal auf echte Live-Einsätze und aufs Moderieren vor.

Tipp

Man kann man z. B. über www.1000mikes.de auf Sendung gehen. Die Seite bietet einzelne Zeitfenster an, um z. B. die Fußballspiele der Dorfkicker zu reportieren oder Partys aus dem Studentenwohnheim zu übertragen.

8 »Und wann darf ich moderieren?« – Wie man zum Hörer spricht und gehört wird

Volontäre dürfen es gelegentlich, Praktikanten oder Hospitanten so gut wie nie: Moderieren. Aber was heißt hier schon »dürfen«? Die Zeiten, in denen man zum Moderieren jemanden um Erlaubnis fragen musste, sind vorbei. Auf Sendung gehen kann jeder, der Lust dazu hat. Im Internet. Außerdem gibt es jenseits großer Sender oft Gelegenheiten beim Schul-, Uni- oder Bürgerradio. Doch die Grundregeln des Moderierens sollte man auch da beherrschen. Ganz einfach, weil uns andere mit Freude zuhören sollen.

Moderieren ist mehr als Palavern. Moderieren heißt: Den Hörer an die Hand (die Ohren!) nehmen, ihn durch die Sendung führen, ihm Lust aufs Zuhören machen. Auf den Beitrag, der gleich kommt oder den Song, der gleich gespielt wird. Das verlangt in erster Linie Präsenz, also die Fähigkeit, am Mikrofon selbstsicher, engagiert, freundlich und interessant zu klingen, ohne aufdringlich oder marktschreierisch zu wirken. »Präsent sein« ist so schwierig, weil es eine Balance verlangt zwischen dem schrillen »Hi. Hier bin ich!« und dem vorsichtigen »Entschuldigung, wenn ich störe. Haben Sie grad' Zeit für mich?«. Will heißen: Einem guten Moderator gelingt es, auf charmante, aber doch unwiderstehliche Art, immer wieder neu den Kontakt zum Hörer aufzunehmen – im Normalfall sogar zu einem Hörer, der gerade was ganz anderes im Kopf hat. Für Moderatoren gilt deshalb: Sprich deine Hörer an – im Sinne von: sei »ansprechend«, sei deinem Hörer zugewandt, rede mit ihm. Das klingt banal, ist es aber nicht. Denn wie redet man mit jemandem, wenn man allein im Studio und vor dem Mikro sitzt? Anfänger tun sich da oft schwer. Ihre Moderationen klingen nicht selten wie Selbstgespräche: etwas unsicher, leise, verhuscht, mehr wie gesprochenes Denken als durchdachtes Sprechen oder aber wie auswendig gelernte Theatermonologe. Beides macht nicht wirklich Lust aufs Zuhören.

Merke

Eine Moderation ist kein Selbstgespräch, sondern ein Gespräch mit dem Hörer. Und zwar immer mit einem einzelnen Hörer, nicht mit ALLEN Hörern. Die Moderation ist keine Rede vor großem Publikum.

Von den »Damen und Herren« und »lieben Hörern« ist deshalb abzuraten. Die Hörer sind keine Gemeinschaft wie bei einem Konzert. Vielmehr hört jeder für sich. Der Moderator ist der Erzähler für jeden einzelnen. Und kaum ein anderes Medium kommt dem Menschen so nah wie der Hörfunk: Als Moderator ist man dabei, wenn der Hörer online geht oder Fenster putzt. Man sitzt mit ihm am Frühstückstisch und fährt mit ihm zur Arbeit. Man steht morgens mit ihm vor dem Spiegel oder gar unter der Dusche. – Alles Dinge, die man nur einem Begleiter erlaubt, dem man vertraut und der ganz unverstellt mit einem redet. Kurzum: Ein Radiomoderator spricht idealerweise nicht als Schauspieler von einer Bühne herab, sondern als Begleiter auf Augenhöhe – am besten in einem unaufgeregten Alltagston.

Tipp

Auch beim Moderieren hilft es, sich einen entfernten, aber sympathischen Bekannten vorzustellen, dem man nach einem zufälligen Treffen Neuigkeiten erzählt. Dann trifft man fast automatisch die richtige Tonlage.

Aber Vorsicht: Eine »private« Sprechhaltung bedeutet nicht zwingend eine »private« Wortwahl. Denn der Moderator kommt dem Hörer zwar nahe. Kumpels sind sie deswegen noch lange nicht. Und ob man als Moderator mit dem Hörer »einen auf Du und Du« machen darf, hängt vom jeweiligen Sender ab und davon, wen man erreichen will. Denn selbstverständlich spricht man einen 15-jährigen Tokio-Hotel-Fan anders an als die 50-jährige Mozart-Verehrerin. Man erzählt einer Mathe-Professorin etwas anderes als einem Bauarbeiter. Jede Zielgruppe hat bestimmte Erwartungen, was sie hören will und wie sie es hören will.

Merke

Ein Moderator muss wissen, für wen er moderiert. Er muss wissen, wer ihm zuhören soll und das Programm entsprechend präsentieren.

Um zu wissen, welche Rolle man als Moderator hat und wie man wirken soll, gibt es in vielen Radiostationen Stylebooks für Moderatoren. Die sollte man vor der Premiere in jedem Fall durchlesen, dann aber wieder vergessen. Denn Moderieren ist eine sehr persönliche Sache. Sie muss stimmig sein und nicht nur Schauspielerei. Wer es übertreibt mit der Orientierung aufs Zielpublikum, klingt schnell ranschmeißerisch und nicht mehr authentisch. Das Wissen, für wen man moderiert, ist also etwas für den Hinterkopf. Dort aber sollte es fest verankert sein.

Wie findet man als Moderator die richtigen Worte?

Am besten, indem man sie gar nicht sucht. Das klingt paradox. Doch das Moderieren verlangt, wie (fast) alles, was im Radio geredet wird, eine möglichst unverkrampfte, alltägliche und schlichte Sprache. Und die verbaut man sich als Anfänger gern, wenn man immer glaubt, die richtigen Worte suchen zu müssen. Aber mal ehrlich: Müssen wir die richtigen Worte suchen, wenn wir dem Nachbarn erklären, dass uns während eines Telefonats ein Spiegelei in der Pfanne angebrannt ist und es deshalb so stinkt im Treppenhaus? Nein. Ringen wir um Formulierungen, wenn wir Freunden erzählen, dass wir gestern bei einem genialen Konzert waren und am Ende ein Autogramm ergattert haben? Nein. Wir wissen schließlich, was wir sagen wollen und wissen, worauf wir hinauswollen. Das ist auch beim Moderieren entscheidend: Man muss wissen, WAS man sagen will, dann kommen die richtigen Worte von allein.

Nun muss ein Moderator zugegebenermaßen oft über Themen sprechen, die ihm (und wahrscheinlich auch den Hörern) weniger geläufig sind als verbrannte Spiegeleier und Popkonzerte. Das Können des Moderators besteht deshalb darin, sich fremde Themen anzueignen und sie dann alltagstauglich und verständlich wiederzugeben.

Vor den ersten Moderationsversuchen am Mikrofon empfehlen sich Erzählübungen: Man nehme sich (nicht zu lange) Zeitungsartikel oder Pressemitteilungen über Themen, die einem nicht unbedingt geläufig sind und versuche, sie alltagstauglich zusammenzufassen. Also: erst lesen, dann nacherzählen und dann unter www.radio-machen.de bewerten lassen.

Wichtig dabei: Nicht vom Sprachstil des ursprünglichen Artikels anstecken lassen, sondern den Inhalt wirklich ins Alltagsdeutsch übersetzen.

Literatur

Eine sehr anschauliche Anleitung mit den Grundregeln zur einfachen, verständlichen Moderatorensprache findet sich bei:

Inge Hermann/Reinhard Krol/Gabi Bauer: Das Moderationshandbuch. Tübingen/Basel 2002.

Am besten nimmt man diese Proben auf und überprüft, ob das, was man erzählt hat, verständlich war. Die Übungen werden schnell zeigen: Gut erzählen kann nur, wer weiß, was er sagen will. Ein guter Moderator sollte sich deshalb vor jeder Wortmeldung fragen:

Moderation

Checkliste

- Was WILL ich sagen? Will ich den Hörer informieren oder unterhalten, ihm einen besonderen Song/einen Beitrag ankündigen …?
- Was KANN ich sagen? Welche Infos habe ich?
- Was MUSS ich sagen? Welche Infos braucht der Hörer?
- Wie beginnt meine Moderation?
- Wie endet meine Moderation?

Anfänger, die Angst vor dem freien Sprechen haben, sollten sich den Moderationstext ruhig ausformuliert aufschreiben. In jedem Fall aber sollten sie sich einen letzten Satz zurechtlegen. Denn wer weiß, wie die Moderation enden soll, wird die Worte und den Weg dahin deutlich leichter finden. Außerdem ist dann sicher, dass die Moderation einen echten Schluss bekommt und nicht nur »versehentlich« endet, weil der Moderator nicht mehr weiter weiß.

Später reicht es womöglich, sich die Moderation in Gedanken vorzuformulieren oder mit Stichworten zu arbeiten. Zwin-

gend nötig aber ist das für eine gelungene Moderation nicht.
Es gibt Moderatoren, die ihr Leben lang mit ausformulierten
Texten in die Sendung gehen und trotzdem spontan und erzäh-
lend klingen. Entscheidend ist dann, den Text so »sprecherisch«
wie möglich aufzuschreiben und ihn so locker rüberzubringen,
als habe man sich das gerade ausgedacht. Dennoch: Ausprobieren sollte man die Stichwortmethode. Sie ist einfach schneller und flexibler. Moderationen lassen sich leichter umstellen.
Und wenn nur wenige Minuten bleiben, um auf Sendung zu
gehen, lässt sich auch mal aus hingekritzelten Schlagworten
eine schlüssige Moderation formulieren.

Literatur

Gute Tipps, wie man ein erfolgreicher »Freisprecher«
wird, findet man bei

Michael Rossié: Frei sprechen in Radio, Fernsehen
und vor Publikum. Ein Training für Moderatoren
und Redner. Mit Hörbeispielen auf CD. 3., vollständig überarbeitete Auflage. Berlin 2009.

Wichtig ist beim freien Sprechen das Gefühl für die Zeit. Idealerweise haben angehende Moderatoren das schon bei Aufsa-
gern und Live-Gesprächen gelernt. Wer ohne solche Erfahrung
auf Sendung geht, sollte vor der ersten Moderation unbedingt
ein paar Erzählübungen mit Stoppuhr machen. Also: Angele-
senes oder Erlebtes (nach-)erzählen, in nicht mehr als 60 Sekun-

Merke

Selbst sprechen ist kurzweilig. Zuhören ist schnell langweilig. Der Moderator muss deshalb ein Gespür dafür
bekommen, was wie lange interessant ist für den Hörer. Im Zweifelsfall sollte er sich kurz fassen und auch
mal nichts sagen, wenn es nichts zu sagen gibt.

den bitte! In nicht mehr als 30 Sekunden. In 20 Sekunden. Das schult das Zeitgefühl und bewahrt einen später vor dem schlimmsten aller Moderatorenfehler: der Geschwätzigkeit.

Außerdem gilt: Allerweltsfloskeln vermeiden. Nicht mit Verlegenheitswörtern in die Moderation starten. Nicht sagen, was man in tausend anderen Fällen auch sagen könnte, sondern zielstrebig zur Sache kommen. Ganz konkret.

NICHT: Äh, tja, also … jetzt kommt wieder unser Kino-tipp wie jeden Donnerstag um 8 Uhr 45. Und wieder hat Simone Sprech sich einen Film für uns angeguckt. Dieses Mal den Film »Goethe!«.

SONDERN: Goethe ist … gähn – für viele Schüler jeden-falls. Geradezu eine Einschlafhilfe im Deutschunterricht. Aber das muss nicht sein. Denn Goethe ist auch Party-löwe. Jedenfalls sieht man ihn so ab heute im Kino. »Goethe!« heißt der Streifen, der den alten Dichter vom Sockel holt. Unser Kinotipp von Simone Sprech.

Beispiel

Wie moderiert man Beiträge an?

Viele Moderatoren beginnen ihre Laufbahn als Präsentatoren von Magazinsendungen, in denen sie vor allem Beiträge anmo-derieren. Ziel ist es, die Beiträge interessant und passgenau anzukündigen, auf sie hinzuleiten und den Hörer für sie zu gewinnen. Typischerweise bestehen solche Anmoderationen – kurz: Anmods – aus mehreren Elementen:

- Kontaktaufnahme,
- Einstieg (Hinhörer/Ear-Catcher),
- Hinführung,
- Übergang.

Die **Kontaktaufnahme** ist eine Art Puffer zwischen der Musik und dem gesprochenen Wort. Sie besteht oft aus einer »Station-ID« (»Radio XY – Der Nachmittag«) und/oder einer Zeitansage und/oder einer Absage des vorangegangenen Musiktitels. Sie sagt dem Hörer: »Hallo, jetzt spricht wieder jemand« und ist in vielen Radioprogrammen nötig, weil der »Einschalthörer« alter Schule, der gezielt lauscht und dauernd »auf Empfang« ist, selten geworden ist. Stattdessen muss man davon ausgehen, dass der Hörer immer wieder mit anderen Dingen beschäftigt ist. Die Kontaktaufnahme ersetzt also – wenn man so will – den Blickkontakt, ehe man einen Fremden anspricht. Sie sagt: »Achtung. Ich will mit dir reden. Gleich spreche ich dich an.« Wer es gern direkter hat, kann diese Überleitung aber auch weglassen. Dann setzt man ganz auf den Überraschungseffekt.

Der **Einstieg** ist der eigentlich entscheidende erste Satz. Er ist im übertragenen Sinn das, was man NACH dem Blickkontakt als »Anmacher« loswird – ein Satz also, der anregen soll, weiterzuhören. Der spannend, interessant, witzig, geheimnisvoll ist – je nachdem. Dieser Satz soll den Hörer ködern, dabei zu bleiben. »Hinhörer« oder »Ear-Catcher« sagen die Profis deshalb dazu. Nicht selten steckt in ihm die Hauptarbeit der Vorbereitung.

Die **Hinführung** muss die Spannung des Ear-Catchers halten und liefern, was der Hörer braucht, um den anschließenden Beitrag zu verstehen. Manchmal ist das Hintergründiges, manchmal die Vorgeschichte, manchmal der Grund, warum jetzt und heute über das Thema berichtet wird. In jedem Fall ist die Hinführung kurz, bündig und geradlinig. Wer hier zu viele Informationen reinpackt, verwirrt den Hörer schnell – selbst wenn der Ear-Catcher anfangs saß. Denn die Hinführung ist eben nur eine Hinführung und nicht schon der Beitrag selbst. Will heißen: Nach Blickkontakt und erstem Satz folgt nicht gleich die Lebensgeschichte, sondern bestenfalls ein gemeinsamer Drink. Erst wenn der geschmeckt hat, will der Angesprochene (hoffentlich) mehr wissen.

Der **Übergang** ist dann der letzte Satz vor dem Beitrag. Er leitet so genau wie möglich auf dessen Beginn hin. Nach alter Schule endet er mit dem Hinweis auf den Reporter, der den Beitrag gemacht hat. Möglich sind aber auch nahtlose Übergänge, die einfach punktgenau auf den Beginn des Beitrags kommen. Der Name des Reporters wäre dann Teil einer möglichen Abmoderation.

Beispiel

[Überleitung:] Hier ist SWR4 Baden-Württemberg – Ihr Frühmagazin aus Tübingen.
[Hinhörer:] Für 'n Appel und 'n Ei ins Theater?
[Hinführung:] In Tübingen konnte man das gestern Abend. Denn das Landestheater hatte zu einer ungewöhnlichen Aktion aufgerufen: Man konnte seine Theaterkarten mit Lebensmitteln bezahlen – mit Lebensmitteln, die dann an Bedürftige gingen. Für die Theatergäste hieß das: Wahres statt Bares an der Kasse abgeben.
[Übergang:] Und viele haben mitgemacht.
[Beitrag beginnt mit O-Ton einer Theaterbesucherin:] Ich hol mir 'ne Karte für 'ne Packung Müsli.

Im Einzelfall hängen Form und Länge einer Anmoderation davon ab, für wen man sendet (Einschalt- oder Nebenbeihörer?), was das Ziel der jeweiligen Sendung ist (Unterhalten, Informieren, Hintergründe liefern?) und nicht zuletzt von der Länge des Beitrags. Für einen Einminüter z. B. wären 45 Sekunden Anmoderation schon zu viel.

Die Hauptfehler bei der Anmoderation sind:
- Sie ist zu lang: Der Hörer ist überrascht, dass da nun noch ein Beitrag/ein anderer Sprecher kommt.

Merke

Eine Anmoderation soll Lust aufs Hören des nachfolgenden Beitrags machen. Sie soll zielgenau zum Thema bzw. dem Beginn des Beitrags führen. Sie enthält nicht zu viele Gedankenschritte und ist meist nur wenige Sätze lang. Die Daumenregel: drei bis zwölf Zeilen à 60 Zeichen = 180 – 720 Zeichen = maximal 45 Sekunden.

- Sie ist inhaltlich zu kompliziert: Dem Hörer werden zu viele Gedankenschritte und Fakten geliefert. Er kann kaum folgen, ist verwirrt.
- Sie ist sprachlich zu verspielt: Der Hörer hat Probleme, zwischen Witzen, Metaphern, Sprachschnörkeln zu erkennen, worum es eigentlich geht.
- Sie sagt schon genau das, was dann im Beitrag kommt: Der Hörer langweilt sich.
- Sie kündigt etwas an, was im Beitrag gar nicht angesprochen wird: Der Hörer ist enttäuscht oder zumindest irritiert.
- Sie leitet nicht auf den Beginn des Beitrags über: Es entsteht ein Bruch. Der Hörer hat den Eindruck, den falschen Beitrag zu hören.

Eine gute Anmoderation verlangt deshalb eine gewissenhafte Vorbereitung:

Anmoderation

- Weiß ich, worum es in dem Beitrag geht? Habe ich ihn mir aufmerksam angehört?
- Wie war der erste Satz des Beitrags gleich noch? Also: Wohin muss meine Anmod führen?
- Welche Infos braucht der Hörer vorab, um den Beitrag zu verstehen?

Checkliste

- Welche Infos werden im Beitrag gegeben und müssen/dürfen/sollten nicht vorab erwähnt werden?
- Fehlen Infos? Muss ich die beim Reporter erfragen?
- Wie könnte man neugierig machen auf den Beitrag? Was könnte ein Hinhörer sein?
- Schließt der erste Satz des Beitrags sinnvoll an den letzten Satz meiner Anmoderation an?
- Ist die Anmoderation kurz genug?
- Ist die Anmoderation logisch aufgebaut? Kann man ihr als Zuhörer folgen?

Wer Zweifel hat, ob eine Anmoderation verständlich, klar, gelungen ist, präsentiert sie vorab einem Testpublikum – den Kollegen zum Beispiel. Das ist auch unter Profis üblich (und in manchen Redaktionen sogar Pflicht). Allerdings sollten die Kollegen so unvorbereitet sein wie die späteren Hörer. Denn wer schon zu viel weiß, überhört mögliche Verständnislücken. Und bitte: Anmoderationen nicht gegenLESEN, sondern gegenHÖREN lassen. Sie sollen beim Hören, nicht nur beim Lesen verständlich sein.

Wie genau eine Anmoderation am Ende klingen soll, ist schwer zu sagen. Es gibt kaum eindeutig Richtiges oder Falsches. Erlaubt ist, was funktioniert, also interessant und informierend auf den Beitrag hinführt. Es gibt allerdings einige »Klassiker« – Anmoderationsformen also, die häufig zum Einsatz kommen. Anfänger können sie als eine Art Schablone nutzen und je nach Thema mit Inhalten füllen.

Anmoderationstyp 1: die Nachrichtliche

Sie ist aufgebaut wie eine Nachricht (siehe Kapitel 1), beginnt mit der wesentlichen Neuigkeit und stellt diese in einem Lead-satz als Hinhörer voneweg. Sie ist die schlankste aller möglichen Anmoderationen, eben weil sie strikt nachrichtlich und schnörkellos zur Sache kommt. Von der echten Nachricht unterscheidet sie sich allenfalls in der Wortwahl. Der Moderator darf lockerer formulieren als der Nachrichtensprecher.

Beispiel

Auf der B 40 vor Musterstadt hat sich heute Morgen ein Tiefkühllaster mit zehn Tonnen Erbsen quergelegt. Seit sechs Uhr blockieren Erbsen und Laster die Straße. Hunderte Pendler stecken fest. Der Stau ist schon vier Kilometer lang. Wie lang es noch dauert, weiß Simone Sprech.
[Beitrag beginnt mit Reportertext.]

Die Nachrichtliche eignet sich besonders für unerwartete Geschehnisse und brandaktuelle Beiträge und Gespräche. Sie lässt sich ohne lange Vorbereitung auf Sendung bringen. Sie lebt von der Aktualität der Ereignisse und der Tatsache, dass Unerwartetes an sich Hinhörerqualitäten hat: »Finanzminister Hatnix hat sich überraschend selbst angezeigt, weil er Steuern hinterzogen hat«, »bei einem Zugunglück in Sachsen-Anhalt sind zehn Menschen ums Leben gekommen.« Solche Ereignisse brauchen und vertragen keine Sprachspiele oder textlichen Überraschungen. Der Hörer soll einfach möglichst schnell informiert werden. Die kürzeste Form der nachrichtlichen Anmoderation ist »der Dreischritt«: Hinhörer, Hinführung und Übergang bestehen dabei aus jeweils nur einem Satz.

Bei überraschenden Katastrophenmeldungen, den sogenannten »breaking news«, empfiehlt sich allerdings ein einleitender Satz, der das, was dann kommt, schon mal einordnet.

> **Beispiel**
>
> Erschütternde Nachrichten aus Sachsen-Anhalt in diesen Minuten. Bei einem Zugunglück in Hordorf hat es Tote und Verletzte gegeben. Ein Nahverkehrszug ist mit einem Güterzug zusammengestoßen. Mindestens drei Menschen kamen ums Leben, so die Polizei. [Beitrag beginnt mit Reportertext.]

Anmoderationstyp 2: die Faktische

Sie ist verwandt mit der Nachrichtlichen, weil auch sie schnörkellos und geradlinig daherkommt. Sie liefert vor allem Fakten und Tatsachen, ohne die das nachfolgende Stück nicht verständlich wäre.

> **Beispiel**
>
> Das »Orion« in Musterstadt war die erste Diskothek weit und breit. Eröffnet 1963. – Eine Disko, die Aufsehen erregte. Denn: sich Schütteln zu Popmusik? – Das fand man unerhört im braven Musterstadt. Eine Bürgerinitiative hatte sogar versucht, den »Sündenpfuhl« schließen zu lassen. Wie gesagt: 1963. Heute ist das »Orion« in Musterstadt eine vergessene Provinzdisse. Doch jetzt soll sie wieder Kult werden. Mit den Originalmöbeln, der Originaldiskokugel und der Originalmusik von damals.
> [Beitrag beginnt mit einem Diskohit von damals, dann O-Ton eines »Wiederbelebers«.]

Die Faktische eignet sich für Beiträge, die viel Vorinformation verlangen. Dann z. B., wenn ein Sender immer wieder über ein Thema berichtet und die jeweils neueste Entwicklung erklärt.

Weil aber alle Hörer wissen sollen, was bisher geschah, muss die Anmod die Vorgeschichte noch einmal zusammenfassen.

Beispiel

Bären im Nordschwarzwald. Das können viele sich nicht vorstellen. Doch die Entscheidung für einen Bärenpark bei Bad Rippoldsau-Schapbach ist längst gefallen. In drei Monaten sollen die ersten Bären kommen – Tiere, die misshandelt und gequält wurden. Sie sollen auf rund acht Hektar Waldfläche Asyl bekommen. Eine Vorstellung, die viele im Nordschwarzwald nach wie vor gewöhnungsbedürftig finden. Deshalb schicken die Betreiber seit dem Wochenende ein Bären-Infomobil durch die Lande. Erster Halt war zwischen Kinderkarussell und Bierausschank beim Stadtfest in Freudenstadt. Simone Sprech berichtet. [Beitrag beginnt mit Reportertext.]

Wichtig bei faktischen Anmoderationen ist ihr logischer »Schritt-für-Schritt-Charakter«. Denn nur, wenn sich die Fakten schlüssig aneinanderreihen, wird dem Hörer eine langwierige Vorgeschichte verständlich. Für Moderatoren heißt das: sich zurücknehmen. Keine Wortspiele. Keine irreführenden Gags. Die Sachlage ist schwierig genug.

Anmoderationstyp 3: der Trichter

Die Trichter-Anmod (auch Panorama- oder fokussierende Anmod) führt vom Allgemeinen zum Speziellen. Sie beginnt mit einer allgemeinen Bemerkung, einer Binsenweisheit, einem Sprichwort, kurzum: Alltagswissen. Von dort leitet sie den Hörer wie durch einen Trichter auf den Beitrag hin.

Beispiel

Kaffee wächst, wo's Sonne hat: In Arabien, in Afrika, in der Karibik bisweilen und neuerdings in Kusterdingen bei Tübingen. Kein Witz. Das Ehepaar Lecker hat dort einen Kaffeebaum groß gezogen und jetzt – nach fünf Jahren – steht die erste Bohnenernte an. Ein spannender Moment. Simone Sprech hat die schwäbischen Kaffeebauern besucht.
[Beitrag beginnt mit Reportertext.]

Der Nachteil des Trichters liegt auf der Hand: Er hat keinen wirklichen Hinhörer. Denn Binsenweisheiten eignen sich kaum dazu, Hörer wachzurütteln. Idealerweise kommt nach dem allgemeinen Einstieg deshalb schnell die überraschende Wende zum Besonderen.

Auf diese Art verhindert man, dass der Trichter schwerfällig und behäbig wirkt.

Anmoderationstyp 4: der Aufzieher

Die Aufzieher-Anmod (auch Fokus-Anmod) ist das Gegenstück zum Trichter. Sie führt vom Speziellen zum Allgemeinen. Sie beginnt mit einem Detail, das sie erst nach und nach in den richtigen Zusammenhang stellt, um dann beim Beitrag zu enden.

»Wollen Sie ein Kiebingen21?« Das wurde Rottenburgs Oberbürgermeister gestern bei der Bürgerversammlung im Ortsteil Kiebingen gefragt. Und die Frage war ernst gemeint. Denn wenn es um die neue B 28 geht, scheinen die Kiebinger wild entschlossen: Sie wollen den Bau so, wie er in der Planung steht, verhindern. Sie wehren sich gegen eine – wie SIE fin-

Beispiel

den – gefährliche und unansehnliche Brücke über die neue Bundesstraße. Doch möglicherweise verzögern sie damit DAS Bauprojekt durchs Neckartal. Geplant seit über 30 Jahren, vom Bund bezahlt mit 20 Millionen Euro und jetzt das große Streitthema zwischen Bürgern und Oberbürgermeister.
[Beitrag beginnt mit einem O-Ton des OB, der ausgebuht wird.]

Der Aufzieher ist eine sehr lebendige Form der Anmod und spielerisch dazu. Denn im Aufziehen aus dem Detail steckt immer eine Spur Überraschung. Der Hinhörer ist quasi eingebaut. Nicht umsonst gilt der Aufzieher als DIE Anmoderation im jungen Radio. Sie spielt mit der Neugier des Hörers und sucht zielgenau das Kuriose, Ungewöhnliche, Packende eines Themas. Genau das stellt sie dann vorneweg. Sie ist also eine besonders werberische Anmod. Gleichzeitig lässt sich das Thema, um das es gehen soll, beim Aufziehen in einen Zusammenhang einordnen.

Anmoderationstyp 5: die Vergleichende

Die Vergleichende bietet sich an, wenn dem Hörer etwas Unbekanntes nahegebracht werden soll – etwas, das ihn vermutlich nicht direkt betrifft, etwas, das er mangels Hintergrundwissen erst einmal nicht einordnen kann. Der Vergleich holt so ein Thema dann in die Lebenswelt des Hörers und macht es für ihn (hoffentlich) interessant. Entscheidend ist, den passenden Vergleich zu finden und ihn dann kurz und bündig zu formulieren. Denn das ist der Nachteil der Vergleichsanmod: Sie braucht oft mehr Zeit als wir haben.

Wer Depressionen hat oder Wahnvorstellungen, der wird vom Psychiater behandelt. Er gilt als krank. In Deutschland jedenfalls. In Afrika dagegen werden psychisch Kranke oft über Jahre an Bäume gekettet und in Käfige gesteckt. Sie gelten als Besessene, mit denen man nichts zu tun haben will. In Bouaké an der Elfenbeinküste wiederum will man solch ausgestoßenen Menschen helfen. Und weil Bouaké die Partnerstadt von Reutlingen ist, sind jüngst zwei Frauen von der Alb an die Elfenbeinküste gefahren. Fast drei Monate haben sie vor Ort mitgeholfen. Jetzt sind sie zurückgekehrt. Simone Sprech hat sie getroffen. [Beitrag beginnt mit Reportertext.]

Anmoderationstyp 6: die Überraschende

Die Überraschende macht, was eine Anmoderation eigentlich NICHT machen sollte: Sie führt nicht direkt zum Thema, sondern – zunächst jedenfalls – auf Abwege. Ihr Motto ist: anders sein als die anderen. Sie darf den Hörer kurzfristig verwirren oder auf dem Weg zum Thema einen Haken schlagen und erst am Ende auflösen, worum es wirklich geht – manchmal sogar erst NACH der Anmod.

Zu den schmerzlichen Wahrheiten des Menschengeschlechtes gehört die Erkenntnis, dass nichts bleibt, wie es war. Ruhm wie Kalbsleberwurst tragen ein Verfallsdatum. Und auch Denkmäler purzeln hin und wieder vom Sockel. Auf nichts kann man sich mehr verlassen, stellt Petra Müller erschüttert fest. (Beitrag beginnt mit »Der ,Londoner Bobby' ist auch nicht mehr das, was er einmal war. Er trägt zwar immer noch den hohen Helm. Er ist immer noch außerordentlich

Beispiel

freundlich. Aber, so die Leitung der Londoner U-Bahn, er ist nicht mehr vertrauenswürdig …« Es geht um englische Polizisten, die schwarzfahren.)
[Wundervolles Beispiel aus: Inge Hermann/Rainer Krol: Moderationsworkshop in CUT – Das Broadcast-Magazin 2/3/4, 1998.]

Das Beispiel zeigt: Die Überraschende funktioniert idealerweise wie ein guter Witz. Sie textet auf eine Pointe hin. Und die muss sitzen. Die Überraschende verlangt deshalb ein sicheres Gespür fürs Witzige und Unerwartete. Sie ist nichts fürs Alltagsgeschäft, sondern eher ein seltenes Schaustück für die Moderatorengalerie. Sie eignet sich vor allem für spielerische Beiträge, die schon an sich unerwartete Themen behandeln. Unpassend wirkt sie dagegen, wenn man damit Informationsbeiträge oder Tagesaktuelles anmoderiert. Deshalb: Die Überraschende sparsam einsetzen – oder allenfalls in der gemäßigten Form. Denn natürlich kann die Überraschende auch einfach rätselhaft und ein wenig geheimnistuerisch sein.

Beispiel

Noch ist die Freiluftsaison nicht so richtig angelaufen. Die großen Open-Air-Festivals und Sommertheater kommen erst noch. Aber in Tübingen lockt seit ein paar Tagen schon ein ganz großes Freiluftspektakel: Konzerte mit Hunderten Musikern. Tag für Tag. Von morgens bis abends. Kostenlos. Ein Konzertangebot, dem Kenner nicht widerstehen können und das sie in Scharen in den Botanischen Garten treibt.
[Beitrag beginnt mit Quaken, Lachen und O-Ton: »Man hört nicht jeden Tag ein so schönes Konzert.« Es geht um laute Froschkonzerte.]

Wer als Moderator schnell und sicher Anmoderationen schreiben will, kann schon als Reporter üben. Also: ruhig ein bisschen Zeit und Mühe in die Anmoderationsvorschläge stecken, die man zum Beitrag abgibt, und mal hören, was der Moderator daraus gemacht hat.

Aber bitte nicht enttäuscht sein, wenn einiges geändert wurde. Denn jeder Moderator schreibt sich Anmoderationen so um, wie er sie am besten sprechen kann. Schließlich muss die Anmoderation zu ihm als Präsentator passen. Umgekehrt gilt deshalb auch: Anmoderationen, die Reporter vorlegen, immer genau überprüfen: Würde ICH das so sagen? Ist das MEIN Stil? Gehen MIR die Sätze gut über die Lippen. Wenn nicht: umschreiben.

Wie findet man gelungene erste, letzte und allerletzte Sätze?

In den jeweils ersten Satz einer Anmoderation, den Hinhörer, sollte ein Moderator viel Vorbereitung stecken. Denn hier entscheidet sich, ob der Hörer sich angesprochen fühlt oder nicht. Der Hinhörer wirkt also idealerweise wie die Überschrift eines Zeitungsartikels: Man will wissen, wie es weitergeht. Deshalb an dieser Stelle ein paar grundsätzliche Ideen, wie Hinhörer aussehen und klingen können. Ein Hinhörer kann sein:

- ein nachrichtlicher Leadsatz: Auf der B 40 vor Musterstadt hat sich heute Morgen ein Tiefkühllaster mit zehn Tonnen Erbsen quergelegt.
- eine Schlagzeile: Bären im Nordschwarzwald. Oder: Wir sind Papst.
- eine Frage: Was machen die singenden Turteltauben Anna und Nico eigentlich, wenn Sie gerade nicht auf der Bühne stehen?

- eine direkte Höreransprache: Mal angenommen, jemand würde Ihnen ein Haus schenken – gebaut auf einem Untergrund, der sich bewegt – auf einem Hang, der abrutschen könnte. Würden Sie einziehen wollen? Wohl kaum.

- ein Wortspiel: Der »Dolmetscher Gottes« hat heute Geburtstag – oder besser HÄTTE heute Geburtstag. Seinen 500sten nämlich. Ein Mann, der mit richtigem Namen Primus Truber hieß.

- ein Zitat: »Wissen Sie was? Mit Ihnen red' ich nicht mehr!« – Mit diesen Worten hat Rektor Gerhard Meier an der Beispielschule in Musterstadt gestern überraschend eine Elternversammlung beendet.

- ein O-Ton: Einspieler: »Wissen Sie was? Mit Ihnen red' ich nicht mehr. Das hat ja alles keinen Sinn. Es ist alles gesagt. Mehr fällt mir dazu nicht ein. Ich gehe jetzt. (Eine Tür schlägt zu)« – Und weg war er der Rektor Gerhard Meier. Das war das überraschende Ende gestern bei der Elternversammlung an der Beispielschule in Musterstadt.

Neben dem Hinhörer muss auch der letzte Satz einer Anmod besonders gut sitzen. Denn er bereitet den Absprung zum nachfolgenden Stück vor. Er sollte inhaltlich so eng wie möglich auf den Beginn des Beitrags hintexten, um den Hörer wie beim Sprung von einer Skischanze in den Beitrag zu katapultieren. Das allerdings wird schwierig, wenn man als Moderator den Namen des Reporters nennen soll:

Simone Sprech berichtet.

Ein Beitrag von Simone Sprech.

Diese klassische Version des Übergangs bremst oft den Anlauf, den eine gelungene Anmoderation genommen hat. Etwas schwungvoller klingt es, noch mal zu sagen, worum es geht.

Simone Sprech hat den Fahrradretter begleitet.

Simone Sprech über einen Abend, an dem die Fetzen flogen.

Simone Sprech hat einen Tourauftakt mit vielen Überraschungen erlebt.

Auf die Art rückt der letzte Satz inhaltlich enger an das, womit der Beitrag beginnt. Noch einen Tick rasanter sind Anmoderationen, die am Ende ganz ohne Reporternamen auskommen.

Seit einem halben Jahr ist er unterwegs – als Fahrradretter in der Not.

Und gestritten wurde auch gestern wieder. Lauthals sogar.

Doch nicht alles lief beim Tourauftakt gestern wie vorgesehen.

Entscheidend bei so »namenlosen« letzten Sätzen ist dann der wirklich nahtlose Anschluss. Das heißt: Wenn schon auf die Pannen beim Premierenkonzert hingetextet wird, dann muss davon gleich zu Beginn des Beitrags die Rede sein. Nur so bleibt der Schwung für den Sprung in den Beitrag erhalten. Manche Sender erlauben namenlose Anmoderationen nur, wenn der nachfolgende Beitrag mit O-Ton anfängt. Sie werden aber zunehmend auch für Beiträge eingesetzt, die mit Reportertext beginnen. Dann muss sich der Reporter selbst absagen oder der Moderator »nimmt den Beitrag ab«. Er bekommt also einen allerletzten Satz:

Über den pannenreichen Tourauftakt von Anna und Nico war das ein Beitrag von Simone Sprech

oder:

… hat Simone Sprech berichtet.

Und bisweilen wird aus diesem allerletzten Satz ein ganzer Absatz, der den Beitrag noch mal zusammenfasst:

Pannen über Pannen gestern beim Tourauftakt von Anna und Nico. Das Duo stand eine halbe Stunde lang ohne Strom auf der Bühne. Simone Sprech hat berichtet.

Mit so einer Abmoderation wird sichergestellt, dass auch zappende Hörer mitkriegen, worum es in dem Beitrag ging, den sie vielleicht nur noch zum Teil gehört haben. In manchen Sendern sind solche Zusammenfassungen deshalb Pflicht. Außerdem lassen sich in allerletzten Sätzen Zusatzinformationen und weitergehende Hinweise unterbringen:

Der pannenreiche Tourauftakt von Anna und Nico – und wer noch mal genau hören will, wie das Duo ohne Strom und unfreiwillig unplugged klingt: Unter www.radiounbekannt.de gibt es Ausschnitte des gestrigen Konzerts zu hören.

Und wenn es nix anzumoderieren gibt?

In vielen Sendern und Sendungen ist der Moderator mehr als ein Themenpräsentator und Beitragsantexter. Er ist darüber hinaus Begleiter und Identifikationsfigur. Man geht davon aus, dass der Hörer den Moderator als Freund auf Zeit erleben will. Das heißt: Der Hörer will spüren, dass da einer genauso tickt wie er selbst. Er will seine gute Laune über den schönen Sommertag teilen, aber auch seinen Frust, wenn er mal wieder im Stau steht. Er will wissen, was dieses neue Steuergesetz für ihn bedeutet. Und wenn er Feierabend hat, will er vielleicht einfach entspannen. Radio kann all das bieten und der Moderator spielt die entscheidende Rolle dabei.

Moderatoren sind Aushängeschilder. Sie verkörpern Sendung und Sender. Für den Hörer sind sie Informations- und Stimmungsmanager.

Nun ist es natürlich unmöglich, die Stimmung jedes einzelnen Hörers zu treffen. Ein Moderator kann schließlich nicht wissen, ob ein Hörer gerade um seine Katze trauert, die überfahren wurde. Er kann (und muss!) aber z. B. wissen, dass heute die Sommerferien beginnen und dass das heißt: Ab heute fahren weniger vollgestopfte Busse und Züge. Viele Familien packen schon für den Urlaub. Und viele Eltern haben Stress, weil sie jetzt sechs Wochen lang klären müssen, wohin mit den Kindern. Der Moderator muss auch wissen: Heute fiebert die Fußballwelt einem wichtigen Länderspiel der Nationalmannschaft entgegen. Heute beginnt der große Prozess gegen eine bekannte Unternehmerin, die Steuern hinterzogen haben soll. Und Herbert Grönemeyer bringt eine neue Single raus. Was davon im Radio und für den Moderator eine Rolle spielt, hängt vom jeweiligen Sender ab. Grundsätzlich gilt:

Ein Moderator muss informiert sein. Nicht nur über die einzelnen Themen, die in seiner Sendung geplant sind, sondern auch über das Zeitgeschehen. Er braucht ein fundiertes Allgemeinwissen und muss ein Gespür dafür haben, was seine Hörer im Moment bewegt und interessiert.

In der Praxis bedeutet das: Viel lesen. Viel hören. Viel wissen. Vor allem wissen, was geht und gehen könnte, also den Tag im Blick haben. Als Moderator muss man auf alles vorbereitet sein und der Hörer soll das zwischen den Zeilen hören können. Selbst wenn gerade »nur« vom schönen Wetter die Rede ist. Der Hörer muss dem Moderator zutrauen, dass der ihn informiert, sobald etwas Entscheidendes passiert. Im tagesaktuellen Radio jedenfalls. Für eine Sparten- oder One-Man-Show übers Internet gilt das nicht unbedingt. Interessante Angebote leben aber auch dort von Bezügen zu dem, was den möglichen Hörer jetzt gerade umtreibt. Und wie findet man heraus, was das ist? Diese Frage beantwortet in professionellen Stationen die Redaktion, die entscheidet, welche Themen auf Sendung gehen. Generell aber gilt für alles, was ein Moderator sagt, die Empfehlung des britischen Radiomoderators Paul Denton: »Be topical, or trivial, or relevant – or all three!« Frei übersetzt: »Rede über Aktuelles, über das, was die Menschen aus ihrem täglichen Leben kennen oder über das, was von Bedeutung ist – am besten alles zusammen!« Ganz praktisch sollte sich jeder Moderator, ehe er am Mikro über eine Sache redet, fragen:

- Ist das etwas, worüber die Hörer heute reden? Ist das ein Gesprächsthema?
- Ist das neu? Kann ich dem Hörer damit etwas bieten, was er noch nicht wusste?
- Ist das etwas, was gute Laune macht? Kann der Hörer darüber lachen, schmunzeln, staunen?
- Ist das im Alltag von Nutzen? Kann der Hörer damit ganz praktisch was anfangen? Macht es sein Leben besser?
- Und ist das so interessant, dass der Hörer es im Gedächtnis behalten wird?

Viele Redaktionen nutzen diese Fragen, um zu entscheiden, worüber berichtet werden soll und worüber nicht: Wenn nicht mindestens drei davon mit Ja beantwortet werden können, ist das vermutlich kein Thema, das zum Zuhören anregen wird. Ähnlich sollte ein Moderator vorgehen, wenn er ohne Team im Rücken entscheiden muss, was er sagen soll/will/kann. Das bewahrt einen davor, ein Schwafler und Selbstdarsteller zu werden, der vor sich hin blubbert, ohne an seine Hörer zu denken.

Denn auch wenn wir als Moderatoren im abgeschlossenen Kämmerlein sitzen, oft nur mit dem Mikro als Gegenüber: Unser eigentliches Gegenüber ist der Hörer. Für ihn machen wir, was wir machen. Wir sollten ihn deshalb mögen. Nur so können wir sympathisch wirken. Wer sich denen, für die er sendet, überlegen fühlt nach dem Motto »sind ja eh nur Hausfrauen und Rentner« oder »die paar tausend Lokalfunkhörer«, der wirkt schnell arrogant und rotzig.

Merke

Wer sein Publikum geringschätzt, wird es auf Dauer kaum begeistern. Ein Moderator muss seine Hörer mögen. Er sollte sich in sie hineinversetzen können und bereit sein, sie ernst zu nehmen.

Das heißt auch: Freundlich sein. Zugewandt. Aufgeschlossen. Der Hörer sollte merken, dass der Moderator gerne zu ihm spricht und Spaß hat an seinem Job. Kaum jemand will auf Dauer einem miesepetrigen Null-Bock-Typen zuhören.

Bin ich als Moderator nicht auch DJ?

Jein. Denn nur in den seltensten Fällen legen Moderatoren Stücke auf, die sie selbst ausgesucht haben. In professionellen Radiostationen wird die Musik meist von der Musikredaktion zusammengestellt. Der Moderator präsentiert sie »nur«. Klingen muss es dennoch, als wäre das SEINE Musik. Und in jedem Fall muss er sie so präsentieren, dass die, für die er sendet, Spaß dran haben. Selbst dann, wenn die Musik nicht dem entspricht, was der Moderator privat hört. Im Klartext: Wer bei einem Schlagersender arbeitet, muss die neueste Single von Andrea Berg kennen. Wer bei einem Klassikkanal moderiert, muss den Anfang von Beethovens Fünfter summen können. Und wir müssen die Stücke auf Sendung glaubhaft ankündigen können, ohne im Unterton zu vermitteln: »Na, was für ein Quark schon wieder.«

Merke

Musik ist ein wesentlicher Grund, warum Menschen Radio hören und einen bestimmten Sender einschalten. Die meisten finden es deshalb wenig ansprechend, wenn der Moderator sich dauernd herablassend über IHRE Musik äußert oder Dinge erzählt, die falsch sind.

Ohne musikalisches Gespür und Wissen geht es also nicht. Nur: Was davon erzählt man auf Sendung? Das hängt vom jeweiligen Sender und der Sendung ab. Grundsätzlich aber lässt sich vor oder nach Musiktiteln mit folgenden Bausteinen spielen:

- Fakten: Ist die Nummer neu/alt? Wer singt/spielt mit? Wie ist sie entstanden? Worum geht es? Ist sie in den Charts/ein Hit/ein Filmtitel? Ist der Künstler momentan auf Tour?
- Klatsch und Tratsch: Hat der Künstler gerade 'ne Neue/ Nachwuchs/eine andere Frisur? Ist die Band/das Orchester zerstritten? Gibt es Gerüchte/Schlagzeilen/Pläne?
- Gefühl: Ist das ein Muntermacher oder Blutdrucksenker? Ein Kinoknutscher oder Partykracher? Geht die Nummer in den Bauch oder die Beine? Haben Moderator oder Hörer bei der Nummer im Kino Rotz und Wasser geheult? Gibt es konkrete Erinnerungen und Geschichten dazu?

Wichtig bei Musikmoderationen ist die Abwechslung. Wer immer das gleiche sagt, langweilt schnell. Denn im Zweifelsfall sind die Hörer selbst Musikkenner. Also: Mut zum Neuen. Und Mut, das Ewiggleiche-Altbekannte wegzulassen.

Was, wenn ich jemanden interviewen soll?

Die meisten Moderatoren führen regelmäßig Interviews. Das heißt, sie stellen einem Gesprächspartner Fragen, weil sie Antworten bekommen wollen, die dann auch dem Hörer weiterhelfen.

Merke

Interviews im Radio werden für den Hörer geführt. Die Fragen und Antworten müssen das Publikum interessieren, nicht nur den Moderator und sein Gegenüber.

Deshalb ist es wichtig, sich vor jedem Interview klarzumachen, warum man dieses Interview führt. Zu fragen ist: Soll das Interview informieren? Soll es unterhalten? Soll der Hörer vom Gesprächspartner Neues über eine Sache erfahren? Oder über den Gesprächspartner als Person? Ähnlich wie beim Beitrag ist es dabei wichtig, sich ein klares Ziel zu geben. Denn die Zeit im Radio ist knapp. Auch Interviews dürfen meist nicht länger als wenige Minuten sein. Wer nicht weiß, worauf er hinaus will, wird die Zeit auf Sendung mit Palaver vergeuden, ohne das zu erfahren, was er erfahren wollte.

Tipp

Beim Vorbereiten hilft es, sich einen Satz zu notieren, der beschreibt, was man als Moderator vom Interviewten wissen will (und was der Hörer erfahren soll).

Nehmen wir an, wir sollen ein Interview mit dem Polizeisprecher führen. Grund ist ein schwerer Unfall mit einem Laster. Der liegt quer. Eine wichtige Straße ist blockiert. Unser zusammenfassender Vorbereitungssatz könnte lauten: »Ich will vom Polizeisprecher wissen, was passiert ist, warum und welche Folgen es hat.« Damit ist klar: Dieses Interview wird ein Informationsinterview.

Interviewtyp 1: das Informationsinterview

Dieses Interview will einfach klären, was Sache ist. Es sucht Antworten auf die klassischen W-Fragen:

- Was ist passiert?
- Wann?
- Wo?
- Wie?
- Warum?
- Eventuell: Wie geht es weiter?

Es ist schnörkellos wie eine Nachricht und verläuft ähnlich wie das Gespräch am Straßenrand, bei dem ein Nachbar den anderen fragt, was eigentlich los ist. Unfälle, unerwartete Zwischenfälle und aktuelle politische Entwicklungen sind typische Themen für diese Art Interview. Hinterher soll der Zuhörer im Bilde sein, über das, was passiert bzw. entschieden worden ist. Wenn möglich, soll der Hörer auch einen praktischen Nutzen davon haben und z. B. erfahren, ob er wegen des Unfalls eine Umleitung nehmen soll. Die Vorbereitung auf so ein Interview ist meist kurz. Nicht selten wird es »von jetzt auf gleich« ins Programm genommen.

Aber auch lang geplante Gespräche mit Experten sind häufig Informationsinterviews. Stellen wir uns z. B. vor, es kommt ein Experte für Webradios ins Studio. Er soll erklären, wie man als Einzelkämpfer im Netz auf Sendung geht. Also werden wir genau das fragen. Aber Vorsicht: Wer einfach fragt »Wie macht man das?« kriegt vermutlich eine lange Antwort, die wie ein Vortrag klingt und nicht unbedingt weiterhilft. Denn nicht jeder Fachmann kann das, was er selbst gut macht, auch gut erklären. Ein Informationsinterview zu so einem Thema braucht Vorbereitung und Vorgespräch. Am besten sollte sich der Moderator dazu schon ganz gut auskennen mit dem Thema und dann mit dem Fachmann genau vereinbaren, WAS erklärt wird: Soll es ums Technische gehen? Oder darum, wer überhaupt auf Sendung gehen darf und welche Fähigkeiten gefragt sind? Und erklären wir das für Hörer, die schon ein wenig Ahnung haben, oder für Anfänger? Diese Fragen muss man zunächst sich selbst als Interviewer stellen. Erst dann kann man sinnvolle Fragen für den Gast und den Hörer finden.

Interviewtyp 2: das persönliche Interview

Hier steht der Gesprächspartner als Mensch im Mittelpunkt. Anna z. B., die als Sängerin gerade groß rauskommt ihre erste CD veröffentlicht hat. Jetzt geht sie auf Tour. Sie ist 16, und die Hörer sollen erfahren, was sie zurzeit erlebt, wie sich ihr Leben verändert hat und wie das so läuft mit Konzertreisen, Schule, Liebe und Erfolg. Beim persönlichen Interview muss man als Moderator unbedingt einen »guten Draht« zum Gesprächspartner finden. Nur dann wird er mehr erzählen als das Übliche. Das persönliche Interview verlangt deshalb in jedem Fall ein Vorgespräch. Dabei werden aber nicht die späteren Fragen abgesprochen. Das könnte später auf Sendung nach langweiliger Wiederholung und Schauspiel klingen. Außerdem nimmt es dem Gespräch das Spontane und Überraschende. Es geht in so einem Vorgespräch eher darum, sich als Moderator Vertrauen zu erarbeiten. Sich so weit bekannt zu machen, dass ein lockeres Gespräch möglich ist. Denn auf Sendung soll das persönliche Interview nicht wie ein abgearbeiteter Fragenkatalog klingen, sondern wie ein interessiertes Pingpong zwischen einem Menschen, der etwas zu sagen hat, und einem, der etwas von ihm wissen will. Es soll durchaus mal überraschen und Haken schlagen, sich einem unerwarteten Aspekt widmen und nicht nur das Offensichtliche und Altbekannte rüberbringen. Mehr noch als sonst, müssen Moderatoren in solchen Gesprächen deshalb zuhören können und auf das reagieren, was zur Sprache kommt.

Interviewtyp 3: das Meinungsinterview

Beim Meinungsinterview soll ein Gesprächspartner zu seiner speziellen Haltung und Meinung befragt werden. Zum Beispiel soll der Studentensprecher erklären, warum die Studis heute zu Tausenden auf die Straße gehen und Vorlesungssäle besetzen. Er soll also seine Ansichten und Absichten darlegen, seine Ziele und Beweggründe erläutern. Der Moderator wiederum sollte die schon kennen. Denn es geht nicht darum, dem Studentensprecher Sendezeit zu schenken, in der er seine Meinung verbreiten und Werbung für seine Sache machen kann. Es geht darum, seine Argumente abzuklopfen und ihn mit Gegenargumenten zu konfrontieren. Der Hörer soll begreifen, dass das, was der Studentensprecher vorbringt, nur EINE von mehreren Meinungen ist. Im Klartext: Der Moderator ist im Meinungsinterview nie nur ein williger ABfrager von Ansichten. Er ist immer ein HINTERfrager von Ansichten. Er kennt die Argumentation der Gegenseite und versucht, durch seine Fragen im Interview die Unterschiede der Positionen klarzumachen. Wenn nötig, mit harten Bandagen. Denn ein Meinungsinterview kann durchaus ein Streitgespräch werden. Dann, wenn die Meinung des Gesprächspartners eine sehr dezidierte ist, die provoziert oder weitreichende Folgen hat. Vor allem Gespräche mit professionellen Meinungsmachern wie Politikern und Vertretern von Interessengruppen verlangen, dass der Moderator gezielt nachfragt und Widersprüche aufdeckt. Allerdings ohne persönlich zu werden. Der Streit muss eben ein Streit der Argumente sein. Die parat zu haben, ist die wichtigste Aufgabe eines Moderators beim Meinungsinterview.

Generell gilt: Interviews scheinen leicht, sind aber eine große Kunst. Und viel davon steckt in der Vorbereitung. Denn gute Interviews führen kann nur, wer sich sicher in einem Thema bewegt, wer sich auskennt. Allerdings kann ein Moderator nicht Fachmann für jedes Thema sein. Die Kunst besteht deshalb darin, ein großes Thema auf die Schnelle aufzudröseln und die wichtigen Aspekte daran zu erkennen. Nur die werden dann fürs Gespräch herausgegriffen. Zur Vorbereitung eines Interviews gehört neben dem Einlesen und Informationen sammeln, deshalb vor allem: Denken. Und zwar SELBST denken. Das heißt:

Tipp

Nach dem Lesen und Informieren nicht gleich Fragen formulieren. Wer zu schnell Fragen formuliert, fragt oft nur ab, was er gerade gelesen hat. Wie beim Vokabeltest in der Schule.

Besser ist es, alles, was einem zum Thema einfällt, erst mal zu notieren. Eventuell mit Kollegen zusammen. Dabei darf man ruhig mal nur Stichworte sammeln. Schlagworte. Auch Emotionen. Eindrücke. Vorurteile. Klischees. Notiert wird alles, was einem auf die Schnelle in den Kopf kommt. Dann sortiert man, was zusammengehört und entwickelt einzelne Themenblöcke. »Cluster« sagen die Profis und sprechen von Clustertechnik. Diese Technik hilft einem, viele Teilbereiche eines Themas zu erkennen. Sie zeigt, wo man eventuell noch Wissenslücken hat und Weiteres nachschlagen muss. Und sie hilft zu entscheiden, was im Interview angesprochen werden soll. Bei einem Kurzinterview sind das meist nicht mehr als zwei Themenbereiche.

Grundregeln der Clustertechnik und Beispiele in:

Inge Hermann/Reinhard Krol/Gabi Bauer: Das Moderationshandbuch. Tübingen/Basel 2002.

Literatur

Erst danach werden konkrete Fragen entwickelt. Für ein Zwei-/Drei-Minuten-Interview braucht man nicht mehr als drei/vier Fragen.

Am besten spielt man seine Fragen schon mal in Gedanken durch (vor allem beim Informations- und Meinungsinterview): Was wird das Gegenüber wohl auf die jeweilige Frage antworten? Ist das für den Hörer interessant? Welche Frage schließt sich sinnvoll an?

Wenn ein Interview später uninteressant klingt und nicht die Antworten liefert, die man erwartet hat, liegt das häufig daran, dass der Moderator nicht gut gefragt hat.

Fehler Nummer 1: langweilige Faktenfragen

Ihr macht heute eine Studentendemo. Wie läuft die ab?

Der Interviewpartner wird auf diese Frage Punkt für Punkt erklären, wer sich wann wo trifft, wer wo spricht und wann die Sache zu Ende ist. Schneller und präziser kann solche Eckdaten aber – wenn überhaupt – der Moderator liefern. Die Frage vergeudet wertvolle Interviewzeit und muss im Vorgespräch gestellt werden nicht auf Sendung.

Fehler Nummer 2: zu viele, zu offene Fragen, sogenannte Scheunentore

Ihr macht heute eine Studentendemo. Warum?

Der Interviewpartner kann auf diese Frage vieles antworten: »Weil wir keine Studiengebühren mehr zahlen wollen.« »Weil heute an allen Unis in Deutschland demonstriert wird.« »Weil der Wissenschaftsminister mit der Hochschulreform totalen Mist gebaut hat.« Offene Fragen ermöglichen viele Antworten mit ganz unterschiedlichen Schwerpunkten. Der Interviewpartner sucht sich jeweils selbst aus, worüber er jetzt sprechen will. Außerdem ufern Antworten auf offene Fragen oft aus und kosten Zeit. Gerade bei Kurzinterviews kommen die Aspekte, die wir eigentlich ansprechen wollten, dann vielleicht gar nicht (mehr) zu Sprache. Deshalb besser schon selbst eingrenzen, was genau an der Studentendemo interessiert (der Aufruf zum Studiengebühren-Boykott/die Forderung nach einer Bafög-Erhöhung/der Appell, die straffen Studienpläne wieder zu entzerren …). Genau dafür haben wir ja zuvor die unterschiedlichen Themenfelder abgegrenzt und uns für ein oder zwei davon entschieden.

Fehler Nummer 3: zu viele geschlossene Fragen

Ihr macht heute eine Studentendemo. Ist das erneut ein Protest gegen Studiengebühren? – Wird es wieder einen Boykott-Aufruf geben? – Bringt das was?

Vor allem maulfaule Interviewpartner antworten auf solche Fragen einfach mit Ja oder Nein. Das Interview wirkt dann kurzatmig. Beim Hörer erwecken viele geschlossene Fragen außerdem oft den Eindruck, der Moderator würde etwas abfragen, was vorher schon mit dem Interviewpartner besprochen wurde. Deshalb: geschlossene Fragen dosiert einsetzen. Sie wirken nur im Wechselspiel mit anderen Frageformen.

Fehler Nummer 4: zu viele Fragen auf einmal

Ihr macht heute eine Studentendemo. Wann geht die los, wie viel Demonstranten erwartet ihr und wogegen protestiert ihr?

Viele Fragen auf einmal bringen viele Antworten auf einmal. Oder aber nur Antworten auf die Fragen, die der Interviewpartner gerade beantworten will. Beides ist nicht in unserem Sinne. Denn viele Antworten am Stück machen das Interview weitschweifig. Ausgewählte Antworten machen Nachfragen nötig, für die dann oft der Anschluss fehlt. Also immer EINE Frage nach der anderen.

Generell gilt: Ein Moderator muss ein Interview wirklich FÜHREN. Er muss mit seinen Fragen bestimmen, worüber der Interviewpartner sprechen soll. Er muss reagieren, wenn das Gespräch in eine unerwünschte Richtung geht. Notfalls muss der Moderator sein Gegenüber unterbrechen und nachhaken, wenn eine Frage nicht beantwortet wurde. Gleichzeitig muss er aber auch flexibel sein und von seinem Konzept abweichen, wenn sich im Gespräch etwas Neues ergibt.

Merke

Wer gute Interviews führen will, muss
* sich gewissenhaft vorbereiten,
* gut zuhören,
* flexibel reagieren.

Gerade deshalb sind gute Interviews so schwierig und perfekte Interviews so selten. Als Anfänger sollte man sich davon nicht abschrecken lassen. Denn Interviews sind wie das Moderieren insgesamt Erfahrungssache. Will heißen: Nur wer es macht, lernt es. Angst wäre der falsche Ratgeber. Vielmehr empfiehlt es sich, jede Gelegenheit für Interviews zu nutzen.

Tipp

Führe Interviews mit Freunden. Die können z. B. erklären, welches Computerspiel sie zuletzt gespielt haben, was sie daran gut finden, was mies. Wichtig ist: So tun als ob. Also: aufzeichnen, mitschneiden, nachhören und bewerten. Idealerweise Unbeteiligte fragen, wie es klingt – gerne unter www.radio-machen.de.

Nicht vergessen: Auch ein Interview braucht eine Anmoderation. Sie funktioniert nach denselben Regeln wie Anmoderationen für Beiträge (**siehe Seite 103 ff.**). Außerdem braucht ein Interview zwingend eine schlüssige Abmoderation, eine Absage. Sie macht noch mal klar, wer unser Interviewgast war, und fasst zusammen, worum es ging.

Isabell Studiernix, Studentensprecherin an der Uni Nirgendwo bei Radio Supersender.

Die Studentenproteste an der Uni Nirgendwo gehen weiter. Zur Demo heute war das Studentensprecherin Isabell Studiernix.

So eine Absage sollten Anfänger unbedingt ausformuliert mit ins Studio nehmen. Sie gibt selbst holprigen Interviews einen professionellen Abschluss. Umgekehrt verhindert sie einen verstolperten Schluss nach einem gelungenen Gespräch. Ausstiege wie »Ja dann … äh … super. Das war's. Toi, toi, toi für die Demo und schönen Tag noch« klingen wenig souverän.

Vor dem Interview:

Infos sammeln:
- Was weiß ich über das Thema? Was weiß ich über den Interviewpartner? Wo kann ich mehr erfahren? Was muss ich noch nachlesen/erfragen?

Infos bewerten:
- Welche Aspekte hat das Thema? Welche sind besonders wichtig/interessant/neu/spannend für die Hörer? Welche Fragen kann der Interviewpartner beantworten? Wo liegen seine Stärken und Schwächen?

Ziel(e) festlegen:
- Was will ich im Interview ansprechen? Was ausklammern? Was will ich (und soll der Hörer) am Ende wissen? Führe ich ein Informations-, Meinungs- oder persönliches Interview?

Ablauf durchspielen:
- Welche Fragen könnte ich stellen? Was könnte mein Gegenüber antworten? Wo will der Interviewte möglicherweise ausweichen? Wie ginge es weiter?

Eventuell Frageliste erstellen:
- Was will ich fragen? In welcher Reihenfolge? Bauen die Fragen aufeinander auf? Welche Frage »zieht in das Gespräch hinein«?

Vorgespräch führen:
- Eckdaten/Fakten klären. Wenn nötig Ablauf besprechen. Beim Informationsinterview eventuell einzelne Detailfragen vorab besprechen. Ansonsten: Interview NICHT vorwegnehmen.

Korrekturen einarbeiten:
- Eventuell Frageliste noch mal überarbeiten/ Interviewziel(e) ändern.

An- und Abmoderation schreiben.

Beim Interview:

- Immer nur eine Frage stellen, nicht mehrere auf einmal.
- Fragen eingrenzen. Keine Scheunentor-Fragen stellen.
- Nicht zu viele Ja-Nein-Fragen stellen
- Zuhören. Reagieren. Nachhaken, notfalls unterbrechen.

Und wo darf ich nun endlich mal?

Früher war das die schwierigste Frage eines jeden Möchtegern-moderators. Denn Sender gab es nicht viele. Wer ans Mikro wollte, musste einen Programmchef überzeugen, dass man der/die Richtige war. Nicht viele bekamen die Chance. Und manche haben sie gleich wieder vergeigt. Denn nur Naturtalente überzeugten gleich beim ersten Auftritt. Der Rest hatte kaum Möglichkeiten zu üben. Das ist heute anders. Wer sich als Moderator oder Radiomacher ausprobieren will, hat viele Gelegenheiten dazu.

Übungsmöglichkeit Nummer 1: Podcasten

Podcasten heißt: Radiosendungen oder Beiträge aufnehmen und ins Internet stellen. Dort können andere sie herunterladen und anhören.

http://www.mediaculture-online.de/
Podcasting.925.0.html

Schritt-für-Schritt-Erklärung zum Podcasten und wunderbare Link-Sammlung für weitere Erklärseiten.

http://www.podsitter.com/wordpress/
how-to-podcast

Podcast-Anleitung von Annik Rubens, Deutschlands bekanntester Vorzeige-Podcasterin.

Literatur

Übungsmöglichkeit Nummer 2:
Radio im Internet

Auch als Laie kann man im Internet auf Sendung gehen. Jeder, der will, kann dort einen Webstream eröffnen. Das ist nicht schwer, kostet aber Geld und verlangt technisches Interesse, weil man Server und Studio einrichten muss. Wer Musik sendet, muss außerdem übers Urheberrecht Bescheid wissen.

Tipps und Anleitungen fürs eigene Internetradio gibt es z. B. unter:

http://www.webradioguide.de und

http://www.mycyberradio.com/de/service/faq/
internetradio_faq.html.

Literatur

Inzwischen gibt es Rundum-sorglos-Pakete für Webradiomacher:

- http://www.laut.fm

  Hier kann man sich um einen eigenen Sender bewerben. Man muss sich weder ums Streamen noch ums Urheberrecht kümmern. Laut.fm übernimmt das, schaltet im Gegenzug aber Werbespots auf dem Stream.

- http://www.1000mikes.de

  Auch hier kann man sich einen eigenen Kanal freischalten lassen. Die Technik ist einfach. Wer Musik senden will, muss sich ums Urheberrechtliche aber selbst kümmern,

Übungsmöglichkeit Nummer 3: Schüler-, Uni-, Bürgerradios etc.

Es gibt unzählige Radiosender, die Programm machen, ohne damit Geld verdienen zu wollen. Sie nennen sich Bürgerradios, freie Radios, offene Kanäle. Nicht selten suchen die Macher engagierten Nachwuchs, der bereit ist, Sendungen zu übernehmen. Daneben gibt es viele Uni- und sogar Schulradios.

http://www.bok.de

BOK = Bundesverband offene Kanäle e. V.

Überblick über Bürgerradios in allen Bundesländern und umfassende Liste für Uniradios, Hochschul- und Ausbildungskanäle.

http://www.freie-radios.de/

BFR = Bundesverband freier Radios

Überblick über freie Radios. Der Verband bietet immer wieder Radiocamps und Workshops an.

http://www.schulradio-network.de

http://www.schuelerradio.net

http://www.schulradio-bayern.de

http://www.soundnezz.de

http://www.jugendradio-nrw.de

http://www.schul-internetradio.de

Portale für Schul- und Jugendradios in Berlin-Brandenburg, Sachsen, Bayern, Baden-Württemberg, Nordrhein-Westfalen, Niedersachsen. Zum Teil mit Schritt-für-Schritt-Anleitung, wie man ein Schulradio gründet. In anderen Bundesländern leider nicht zentral gebündelt.

www.radio-starter.de

Ausbildungsangebot der gemeinnützigen Medienhaus GmbH in Frankfurt. Schüler und Studenten können sich hier 18 Monate lang von Radioprofis schulen lassen. Kosten: rund 700 Euro.

Literatur

Also: Wir alle sind ein bisschen Radio, wenn wir nur wollen, und manchmal sogar direkt daheim am eigenen Rechner. Viel Spaß dabei. Und bei Fragen: Fragen! Am besten unter www.radio-machen.de. Ich freue mich und helfe gerne weiter.

Literatur & Links

BR-Online: Radioworkshop. Tipps für junge Radiomacher.
http://www.br-online.de/radioworkshop
Eine Anleitung für Schüler, die selbst Radio machen wollen. Die Kapitel Radioformen und Produktion bieten Minimalerklärungen zum schnellen Nachschlagen.

Bundesministerium für Unterricht, Kunst und Kultur in Österreich: Schülerradio-Tutorial.
http://www.schuelerradio.at.
Das Tutorial führt in alle Arbeitstechniken ein, die das Radio verlangt. Kurz. Bündig. Übersichtlich.

Jürg Häusermann/Heiner Käppeli: Rhetorik für Radio und Fernsehen. Regeln und Beispiele für mediengerechtes Schreiben, Sprechen, Informieren, Kommentieren, Interviewen, Moderieren, Reportieren. 2. Aufl., Aarau und Frankfurt/Main 1994.
Oder http://rhet.de/uploads/rhetorik_radio_tv.pdf
Was zeichnet die gute Radiosprache aus? Häusermann und Käppeli erklären es.

Inge Hermann/Reinhard Krol/Gabi Bauer: Das Moderationshandbuch. Tübingen/Basel 2002.
Ein Buch mit Anleitungen aus dem Moderatorenalltag. Sehr praktisch. Direkt anwendbar. Besonders spannend: die kurz zusammengefassten Regeln fürs verständliche Sprechen und die Ideen zur Interviewvorbereitung mit Clustertechnik und Stichwortmethode.

Julius Hey/Fritz Reusch: Der kleine Hey. Die Kunst des Sprechens. Nach dem Urtext neu bearbeitet und ergänzt. Mainz 1956.
Ein Klassiker der Sprecherziehung. Ursprünglich als Lehrbuch für Sänger gedacht. Ob die theoretischen Beschreibungen, wie einzelne Laute entstehen, dem Anfänger weiterhelfen, darf man bezweifeln. Die praktischen Übungsverse aber sind immer noch von umwerfend antiquiertem Charme: »Mein Meister freit ein reizend Weib./Er meint, es sei ein Zeitvertreib!/Allein, was treibt die kleine Maid,/Den Greis zu frein in Eiligkeit?!

Jürgen Horsch/Josef Ohler/Dietz Schwiesau (Hrsg.): Radio-Nachrichten. Ein Handbuch für Ausbildung und Praxis. 2., überarbeitete Auflage. München 1996.

Sehr klare und prägnante Anleitung zum Nachrichtenschreiben. Außerdem interessante Details darüber, was in einer Radionachrichtenredaktion hinter den Kulissen passiert. Immer noch interessant für Einsteiger, auch wenn die sich langsam wundern dürften, wer eigentlich dieser »Helmut Kohl« ist.

Walther von La Roche/Axel Buchholz (Hrsg.): Radio-Journalismus. Ein Handbuch für Ausbildung und Praxis im Hörfunk. 9., vollständig aktualisierte Auflage auch zu crossmedialem Arbeiten und Podcasting. Berlin 2009.

Die Bibel für alle, die Radio machen wollen und schon machen. Sehr detailliert und alltagstauglich mit vielen Tipps und praktischen Anleitungen. Ebenfalls empfehlenswert: Der Onlineauftritt zum Buch unter http://www.journalistische-praxis.de.

Patrick Lynen: Das wundervolle Radiobuch. Moderne Moderation im Radio. Persönlichkeit, Kommunikation, Motivation. 3., überarbeitete und aktualisierte Auflage. Baden-Baden 2010.

Der Titel verspricht viel und hält alles. Hier schreibt einer aus der Praxis, der weiß, wie man am Mikrofon wirkt und überlebt. Für Anfänger und erfahrene Radiomacher. Extrem alltagstauglich.

Steve Niewisch: Schreiben fürs Hören. 2001.
http://www.wortwahlwerk.de/images/stories/downloads/schreiben_fuers_hoeren.pdf

17 Seiten, die sehr anschaulich und mit Beispielen erklären, wie eine Nachrichtenmeldung im Hörfunk klingen soll. Der Einstieg für ganz Eilige.

Josef Ohler/Dietz Schwiesau: Die Nachrichtenschule http://www.journalistische-praxis.de/nachr/schule/schule1.htm

Eine schöne Sammlung von Nachrichtenübungen, nicht nur für Hörfunker. Vor allem Aufbau, Sprache und Sprechen werden erklärt und demonstriert.

Michael Rossié: Frei sprechen in Radio, Fernsehen und vor Publikum. Ein Training für Moderatoren und Redner. Mit Hörbeispielen auf CD. 3., vollständig überarbeitete Auflage. Berlin 2009.

Ein Buch, das Mut macht. Denn: Wie redet man ohne Manuskript und (scheinbar) frei von der Leber weg? Das Buch gibt Antworten und viele praktische Tipps – nicht nur, aber auch für Radiomacher. Klasse Übungen.

School's Out!-Radio (Hrsg.): 3, 2, 1 on Air! Ein Handbuch für junge RadiomacherInnen. München 2006.

Sehr grundsätzliche und einfachste Radiotipps für Jugendliche, die mit einem Schulradio selbst auf Sendung gehen wollen.

Stefan Wachtel: Schreiben fürs Hören. Trainingstexte, Regeln und Methoden. 4., überarbeitete Auflage. Konstanz 2009.

Sehr detaillierte, aber unglaublich anschauliche Einführung in das, was Radiosprache ausmacht. Einsteigern hilft vor allem das Kapitel »Regeln und Empfehlungen« mit seinen Beispielen. Man wünscht sich, altgediente Radiomacher würden es (wieder) lesen.

Stefan Wachtel: Sprechen und Moderieren in Hörfunk und Fernsehen. Inklusive CD mit Hörbeispielen, zusammengestellt von Reinhard Pede. 6., überarbeitete Auflage. Konstanz 2009.

Sehr praktisch. Sehr verständlich. Gelungene Hörbeispiele. Klasse Tipps, die erklären, warum gutes Sprechen nicht erst am Mikrofon beginnt, sondern schon an der Computertastatur. Die Tipps zur Moderationsvorbereitung wirken etwas theoretisch.

Wolfgang Zehrt: Hörfunk-Nachrichten. 2. Auflage. Konstanz 2005.

Detaillierte Einführung in das Wesen der Hörfunknachrichten. Viele Beispiele aus dem Radio-Alltag. Schöne Beschreibung, unter welchen Bedingungen eine Nachrichtenredaktion im Radio überhaupt arbeitet. Für Anfänger, die es genau wissen wollen.

Index

UVK:Weiterlesen

Rund ums Radio

Peter Overbeck (Hg.)
Radiojournalismus
2009, 382 Seiten
30 s/w Abb., gebunden
ISBN 978-3-89669-573-4

Stefan Wachtel
Sprechen und Moderieren
in Hörfunk und Fernsehen
Inklusive CD mit Hörbeispielen
zusammengestellt von Reinhard Pede
6., überarbeitete Auflage
2009, 190 Seiten, 30 s/w Abb., br.
ISBN 978-3-86764-179-1

Wolfgang Zehrt
Hörfunk-Nachrichten
Inklusive Audio-CD
2., überarbeitete Auflage
2005, 268 Seiten, broschiert
ISBN 978-3-89669-476-8

Udo Zindel, Wolfgang Rein (Hg.)
Das Radio-Feature
Inklusive CD mit Hörbeispielen
2., überarbeitete Auflage
2007, 424 Seiten
74 s/w Abb., broschiert
ISBN 978-3-89669-499-7

Thomas Bräutigam
Hörspiel-Lexikon
2005, 540 Seiten
20 s/w Abb., broschiert
ISBN 978-3-89669-698-4

Klicken + Blättern

Leseprobe und Inhaltsverzeichnis unter

www.uvk.de

Erhältlich auch in Ihrer Buchhandlung.

UVK
UVK Verlagsgesellschaft mbH